D0267895

500
recettes de la mer

500 recettes de la mer

Judith Fertig

Direction éditoriale : Donna Gregory
Direction artistique : Michael Charles
Maquette : Rod Teasdale
Photographies : Ian Garlick
Suivi éditorial : James Tavendale
Assistantes d'édition : Carly Beckerman-Boys, Holly Willsher
Consultante spécialisée : Valentina Sforza

Première édition en 2011 par Apple Press,
7 Greenland Street, Londres NW1 0ND
Sous le titre *500 Fish and Seafood Dishes*

Adaptation et réalisation : ●●● **MediaSarbacane**
Traduction : Hanna Agostini

Les Éditions Publistar
Groupe Librex inc.
Une compagnie de Quebecor Media
La Tourelle
1055, boul. René-Lévesque Est
Bureau 800
Montréal (Québec) H2L 4S5
Tél. : 514 849-5259
Téléc. : 514 849-1388
www.edpublistar.com

Dépôt légal – Bibliothèque et Archives nationales du Québec
et Bibliothèque et Archives Canada, 2011.

ISBN : 978-2-89562-453-0

Imprimé en Chine
en août 2011

Sommaire

Introduction

La plupart d'entre nous hésitent à cuisiner des fruits de mer, mais il n'y a en fait rien de plus facile : ceux qui se lanceront dans l'aventure seront assurés des compliments de leurs hôtes.

Cet ouvrage démythifie la préparation et la cuisson des produits de la mer. Que vous souhaitiez les consommer crus – huîtres juste ouvertes, gravlax, sushis ou *crudo* – ou que vous préfériez les cuisiner, vous trouverez dans cet ouvrage, parmi les multiples recettes et techniques abordées, la meilleure manière de les accommoder.

Autrefois, les seuls poissons ou crustacés accessibles aux cuisiniers étaient les prises des pêcheurs locaux ou les produits conservés, comme la morue salée de la cuisine européenne, les poissons fumés des Africains ou les crevettes séchées des Chinois. Le transport des denrées fraîches, hautement périssables, posait un vrai problème : il s'en faut en effet de quelques heures pour qu'un poisson aux délicats arômes iodés développe de très fortes odeurs ammoniaquées.

De nos jours, les produits de la mer sont conservés au frais dès leur prise et expédiés le jour même à leurs destinataires. On trouve aussi sur le marché des fruits de mer congelés dès leur sortie de l'eau. Dans certaines régions, les poissons sont transportés dans des camions citernes jusqu'aux usines où ils sont transformés en filets en l'espace de quelques heures seulement.

Comment déterminer la fraîcheur des produits de la mer

La fraîcheur des poissons et des fruits de mer se déduit de leur odeur, de leur texture et de leur goût, mais pas de leur présentation sur le banc du poissonnier ou de l'écailler.

Dans une dégustation à l'aveugle, un panel de professionnels de la cuisine a comparé des poissons et des fruits de mer frais (n'ayant jamais été congelés) avec des spécimens surgelés en mer, dès leur prise, les produits étant préparés de manière similaire et le plus simplement possible. À plusieurs reprises, ce sont sans conteste les seconds qui l'ont emporté sur les premiers.

Soulignons que certains poissons présentés comme « frais » sur les étals des poissonniers et des supermarchés sont en fait des produits surgelés et dégelés.

Quel que soit le produit de la mer que vous souhaitez acheter, déterminez-en la fraîcheur au nez et à l'œil. Rendez-vous chez un poissonnier de qualité – évitez de vous fournir dans un supermarché, sauf à être absolument certain que le poisson y est de la meilleure qualité. N'hésitez pas à demander à votre poissonnier de sentir ou de toucher le poisson avant de faire votre choix.

* Les poissons entiers doivent avoir les yeux clairs et dégager des arômes frais et iodés.
* Palourdes, moules et huîtres doivent être bien fermées et dégager des arômes iodés.
* Les filets de poisson doivent être délicats, mais fermes, avec de doux arômes iodés.
* Calamars et poulpes doivent être fermes au toucher et dégager de doux arômes iodés.
* Pétoncles et crevettes doivent être fermes au toucher, avec de doux arômes iodés.
* Crabes, homards, langoustes, langoustines et écrevisses doivent être vivants. Cuits, ils seront décortiqués, leur chair étant conservée au frais, sous vide ou au congélateur.

Tableau de substitution

Ce tableau vous permettra de faire votre choix en connaissance de cause. Si le produit que vous recherchez n'est pas disponible, choisissez-en un autre de la même catégorie. De même, si une espèce est menacée, substituez-lui une autre qui ne le soit pas.

	Goût neutre	Goût délicat	Goût prononcé
Chair ferme	Calmar Crevette Langouste Lotte (baudroie) Loup de mer Turbot	Coque Espadon Esturgeon Langoustine Perche Raie Requin Saint-pierre Sole	Anguille Barbue Empereur Homard Huître Lieu jaune Moule Palourde, pétoncle Saumon Seiche Thon
Chair moyennement ferme	Bar Carpe Flétan Haddock Lieu noir Mérou Pétoncle Vivaneau	Brochet Bulot Colin Dorade rose Écrevisse Limande Mahi mahi Omble chevalier Truite Sandre	Daurade royale Maquereau Mulet Rascasse Rouget
Chair délicate	Cabillaud Carrelet Grenadier Merlan Mérou Sabre	Alose Éperlan Hareng Tourteau	Anchois Araignée de mer Chinchard Églefin Julienne Lamproie Morue Sardine

Le matériel

Pour préparer poissons et fruits de mer, le matériel de cuisine classique suffit : il vous faut un robot électrique, une planche à découper et des couteaux, une balance ménagère, des casseroles et des poêles, un presse-ail, une râpe, des cuillères en bois, etc. Pour la cuisine à l'extérieur, un barbecue muni d'un couvercle fera l'affaire ; il vous sera également utile d'avoir à portée de main des ustensiles comme des pinces et une spatule. Cependant, pour des préparations plus délicates, plus complexes ou plus spécifiques, veillez à vous procurer le matériel suivant :

Copeaux de bois dur

Des sacs de copeaux de bois dur – pommier, noyer, etc. – sont vendus dans les drogueries ou au rayon barbecue des grands supermarchés. Ajoutez une poignée de ces copeaux aux braises pour parfumer les aliments.

Couteau à huîtres

Des gants épais et un solide couteau à huîtres à lame large vous permettront de venir à bout des huîtres les plus récalcitrantes.

Friteuse

Une friteuse permet d'ajuster la température, de faire chauffer l'huile et de faire frire les fruits de mer avec le maximum de précision.

Fumoir

Ce contenant métallique, muni d'un manche (ou de poignées) et d'un couvercle, permet de fumer des aliments sur une plaque de cuisson traditionnelle, dans la cuisine. Placez une petite quantité de copeaux de bois dans le fond du contenant, recouvrez du plateau, posez les aliments sur une grille posée sur le plateau, puis refermez le couvercle pour le fumage. Les petites pièces (crevettes ou filets de poisson) sont ainsi fumées en quelques minutes.

Makisu

Ce tapis à sushis est un simple rectangle de bambou tressé. Disposez tous les ingrédients sur le tapis, puis aidez-vous de la rigidité de celui-ci pour former un rouleau.

Planches en bois

Des planches en bois de cèdre, d'érable ou de chêne, plus ou moins fines ou épaisses, permettent de faire cuire les fruits de mer au barbecue ou au four.

Thermomètre de cuisson

Placé sur le côté d'une sauteuse contenant de l'huile, il permet de mesurer avec précision la température de la friture et de faire cuire les fruits de mer à la perfection.

Wok pour barbecue

Ce wok en métal est percé de petits trous qui permettent aux aliments de s'imprégner des arômes de fumé. On peut y remuer les fruits de mer, à l'aide de grandes cuillères en bois ou de spatules en métal munies d'un long manche.

Conseils de préparation

Les modes de cuisson des produits de la mer sont innombrables, mais quel que soit celui que vous choisirez, il y a quelques règles de base à respecter.

* Pour plus de sûreté, conservez poissons et crustacés – surtout ces derniers – au frais jusqu'au moment de les servir crus ou de les faire cuire.

* Dans le doute, mieux vaut ne pas trop cuire poissons et crustacés. Rappelez-vous qu'ils continuent de cuire pendant 1 min environ après l'extinction du feu, ce qui peut faire toute la différence. N'hésitez donc pas à les sortir du récipient 1 min environ avant qu'ils ne soient à point. Les fruits de mer ne sont pas suffisamment cuits ? Vous pouvez toujours les remettre en casserole, les repasser au four ou sous le gril, pour en parfaire la cuisson. En revanche, une fois qu'ils sont trop cuits, il n'y a plus grand-chose à faire.

* Apprenez à distinguer le côté chair du côté peau des filets de poisson. En effet, même débarrassés de leur peau, les filets conservent des zones noirâtres trahissant la présence de celle-ci. Vous saurez dès lors comment procéder quand il s'agira de les faire cuire au barbecue ou sur la planche (voir p. 17 et 18).

Cuisson au barbecue

Pour préparer des poissons et des crustacés au barbecue, il suffit d'un feu bien vif, d'un peu d'huile ou de beurre fondu, et de l'assaisonnement ou de la marinade de votre choix. Le feu vif rend la surface des aliments croustillante (voir plus loin). La matière grasse – huile d'olive ou beurre fondu – évite leur dessèchement et les empêche d'adhérer à la grille, tandis que la marinade les parfume. Veillez simplement à ne pas faire macérer poissons et crustacés plus de 30 min dans un mélange acide : vous vous retrouveriez avec du *ceviche*...

Les filets de poisson doivent toujours être cuits en premier lieu côté chair, puis côté peau, ce qui permet de leur conserver leur forme. Ne les retournez qu'une fois, à l'aide d'une large spatule. Les poissons entiers seront cuits à feu vif, afin de former une croûte en surface, ce qui permet de les retourner facilement à la spatule. Pour les pavés, comptez 10 min à feu vif par 1 po (2,5 cm) d'épaisseur. N'oubliez pas de mesurer la partie la plus épaisse du pavé avant de le poser sur la grille. Les filets ne dépassent pas 3/4 po (2 cm) d'épaisseur – comptez donc 7 min de cuisson en tout, soit 3 à 4 cm de cuisson de chaque côté. La seule exception concerne des poissons charnus comme le thon, l'espadon et le requin, que certains préfèrent rosés plutôt que cuits à point. Ils seront donc parfaits en 6 à 7 cm. En règle générale, ils cuisent rapidement et ont tendance à se dessécher plus vite que les autres espèces. Pour un steak de thon saignant, comptez 1 à 2 cm de chaque côté, à feu vif. Enfin, pour des poissons plus délicats, utilisez une plaque perforée et prenez soin d'huiler plaque et poisson.

Les novices seront bien avisés de s'exercer avec des poissons peu chers (cabillaud d'élevage, par exemple), pour commencer.

Cuisson au four

Tous les poissons (en filets ou entiers) et les crustacés se prêtent à la cuisson au four. Enfournez-les à environ 350 °F (175 °C), jusqu'à ce qu'ils soient dorés et cuits à cœur. Un temps de cuisson réduit et un peu de matière grasse leur conservent leur moelleux.

La cuisson à des températures plus élevées (400 °F, 200 °C) convient plutôt aux crevettes, aux huîtres, aux gros poissons et aux pavés épais. Les tranches ayant tendance à se replier dans le four, mieux vaut les passer au gril, les cuire sur une planche de bois ou à la poêle. Agrémentez les fruits de mer que vous enfournez de matière grasse (beurre ou huile d'olive) ou arrosez-les de sauce, afin qu'ils conservent leur moelleux.

Cuisson sur planche de bois

C'est là la manière la plus simple de faire griller les aliments. Il suffit de disposer ceux-ci sur une planche posée sur le gril et de refermer le couvercle du barbecue. Poissons et fruits de mer ainsi cuits exhalent de délicats arômes boisés, différents de ceux que leur confèrent la grillade ou le fumage. Préparez le barbecue pour la cuisson indirecte, le feu se situant d'un côté de la cuve et la planche étant posée sur la grille du côté opposé. Deux types de planches conviennent bien en l'occurrence. Les plates et fines (vendues par paquets) sont plus particulièrement destinées aux aliments exempts de sauce pouvant dégouliner dans les braises et causer des flammèches. Les planches de cèdre épaisses, munies d'un creux au centre, sont mieux adaptées aux fruits de mer cuisinés au beurre et/ou en sauce. Veillez à bien faire tremper la planche (qu'elle soit fine ou épaisse) dans de l'eau froide 30 min au moins avant la cuisson.

Friture

Les filets de poisson et les coquillages se prêtent bien à la friture. Les tranches fines ont cependant tendance à se recourber, et les poissons entiers sont meilleurs frits à grande huile ; il faut pour cela disposer d'une sauteuse de bonne taille et utiliser un important volume de matière grasse. Les fines lamelles de poisson peuvent être simplement sautées à la poêle, les pavés (type cabillaud) étant meilleurs enrobés d'une pâte à beignets et frits.

Avant d'enrober les fruits de mer de pâte ou de toute autre préparation, épongez-les soigneusement et vérifiez que la friture est bien chaude (375 °F, 190 °C) avant de les y plonger. Si vous n'êtes pas sûr de vous, effectuez un test : un petit dé de pain doit grésiller dès le contact avec celle-ci. Vous pouvez aussi acheter un thermomètre de cuisson ou utiliser une friteuse munie d'un thermostat. Les fruits de mer doivent être uniformément dorés. Filets et pavés de poisson ou crustacés relativement gros doivent être retournés dès qu'une de leurs faces est bien dorée. Lorsque la cuisson est achevée, sortez-les du récipient à l'aide d'une écumoire ou d'une spatule et disposez-les sur un plat garni de papier absorbant.

Fumage

Il y a deux manières de fumer poissons et crustacés. Le fumage à froid préserve les fruits de mer, sans les cuire ; cette technique requiert un matériel spécifique. Le fumage à chaud cuit les aliments, mais ne permet pas de les conserver. Vous pouvez pour cela utiliser le barbecue ou un fumoir à poser sur une plaque de cuisson. Les recettes de cet ouvrage ne concernent que le fumage à chaud, qui se fait au barbecue, par la méthode de cuisson indirecte : le feu se situe sur un côté de la cuve du barbecue, et l'on ajoute ensuite dans le feu des copeaux de bois qui produisent de la fumée. S'agissant d'un barbecue à charbon de bois, il faut ajouter des copeaux de bois dur aux braises chaudes. Pour le barbecue à gaz, enfin, ceux-ci sont enfermés dans une boîte adaptée ou emballés dans du papier d'aluminium percé de trous, puis disposés à proximité immédiate de la flamme. Les fruits de mer cuisent sur la grille, du côté opposé au feu. Sitôt que les premières fumées se dégagent, refermez le barbecue et laissez fumer les aliments.

Pochage, cuisson à la vapeur, mijotage

L'eau frémissante convient mieux à la cuisson des poissons et des fruits de mer que l'eau bouillante, qui leur confère une texture caoutchouteuse. Pour préparer une soupe à base de fruits de mer, commencez par parfumer le bouillon en y faisant cuire les légumes jusqu'à ce qu'ils soient tendres. Les poissons et les crustacés sont ajoutés en toute fin de cuisson, pour qu'ils ne cuisent pas plus qu'il ne le faut.

Poisson cru

Le poisson servi cru doit être aussi frais que possible. Il doit aussi être de premier choix, comme celui employé pour la confection du sashimi, qui peut être consommé cru sans danger. Pour découper le poisson en très fines lamelles (quand vous préparez du *crudo* ou des sushis, par exemple), placez-le au congélateur 30 cm environ, plus tranchez-le à l'aide d'un couteau bien aiguisé. Conservez les poissons et les crustacés crus au frais jusqu'au moment de les servir.

Poissons et crustacés crus

Chaque culture a sa manière d'accommoder poissons et crustacés crus – les Scandinaves ont leur gravlax, les Japonais leurs sushis, les Péruviens leur *ceviche* et les Italiens leur *crudo*. Le poisson cru, présenté dans des assiettes ou des verres à cocktail givrés, agrémenté d'herbes, d'épices ou d'une tombée de sauce, est toujours délicieux.

Huîtres sauce mignonnette

Pour 4 personnes

Qu'elles viennent de l'Île-du-Prince-Édouard (Malpèque) ou de la Colombie-Britannique (Kusshi), les variétés d'huîtres sont plus ou moins grosses, plus ou moins iodées et parfumées, selon leur provenance. Demandez à votre écailler d'ouvrir vos huîtres ou protégez-vous de gants épais et munissez-vous d'un bon couteau adéquat pour ce faire. Les huîtres doivent, de préférence, être ouvertes sur le moment. Agrémentez-les de vinaigre à l'échalote ou d'une giclée de citron.

Pour la sauce mignonnette
25 cl (1 tasse) de vin blanc sec
10 cl (3/8 tasse) de vinaigre de vin rouge
50 g d'échalotes, finement émincées
1 1/2 c. à t. de poivre noir en grains, concassé
1 pointe de couteau de sel fin
Sel gemme
2 douzaines d'huîtres, fraîchement ouvertes, conservées au frais
Quartiers de citron

Dans une petite casserole, mélangez le vin et le vinaigre, et portez ce mélange à ébullition. Laissez réduire 5 min ; il doit rester environ 20 cl (3/4 tasse) de liquide dans la casserole. Ajoutez-y les échalotes, le poivre concassé et le sel. Laissez bien refroidir et réservez au réfrigérateur 2 h environ.
Garnissez un plat de service d'une couche de sel gemme de 2,5 cm (1 po) d'épaisseur environ. Disposez-y les huîtres ouvertes. Garnissez de quartiers de citron. Répartissez la sauce mignonnette dans des coupelles individuelles. Servez sans attendre.

Voir variantes p. 38

Carpaccio de thon frais

Pour 4 personnes

De fines tranches de thon, agrémentées d'une sauce bien relevée, constituent une entrée des plus savoureuse. Cette recette, inspirée de la préparation au bœuf cru ainsi baptisée en l'honneur de l'artiste du XVe siècle Vittore Carpaccio, est un régal tant pour les yeux que pour le palais. Utilisez du poisson extrafrais, qui peut être consommé cru.

250 à 450 g (8 à 16 oz) de thon de premier choix, débarrassé de sa peau, rincé et essuyé, et coupé en tranches de 2,5 cm (1 po)
175 g (3/4 tasse) de mayonnaise de bonne qualité
1 c. à s. de moutarde à l'ancienne
2 c. à s. de jus de citron frais
Huile d'olive extravierge
1 c. à s. de câpres, égouttées
Gros sel

Emballez le thon et placez-le au réfrigérateur 1 à 2 h ; il doit durcir, mais non congeler. Découpez-le à l'horizontale en 4 tranches de 0,5 cm (1/4 po) d'épaisseur. Placez 1 tranche de thon entre 2 feuilles de papier sulfurisé et martelez-la doucement du centre vers l'extérieur, pour l'aplatir ; elle ne doit plus faire que 1,5 mm (1/10 po) d'épaisseur. Répétez l'opération avec les autres tranches. Réservez le poisson au réfrigérateur jusqu'au moment de servir.
Dans un petit saladier, fouettez la mayonnaise, la moutarde à l'ancienne et le jus de citron, jusqu'à obtention d'un ensemble homogène. Transvasez le mélange dans un sac en plastique alimentaire muni d'une fermeture zippée.
Avant de servir, arrosez un plat d'huile d'olive. Disposez les tranches de thon par-dessus. Découpez un coin inférieur du sac en plastique et arrosez le poisson de sauce carpaccio. Garnissez de câpres et salez légèrement.

Voir variantes p. 39

Salade de poisson cru à l'orientale

Pour 6 personnes

Connue en Chine sous le nom de *yu sheng* ou *yee sheng*, ce qui signifie « salade de poisson cru arc-en-ciel », cette préparation se distingue par son aspect coloré et par la complexité de ses saveurs et de ses textures. Découpez le poisson selon la méthode décrite pour le carpaccio, puis variez les autres ingrédients selon vos goûts ou la saison.

Pour la marinade

- 225 g (8 oz) de thon rincé, essuyé et finement émincé (méthode p. 24)
- 1 morceau (2,5 cm, 1 po) de gingembre frais, râpé
- 1 c. à t. de sauce soya
- 1 c. à s. d'huile de sésame

Pour la vinaigrette

- 1 morceau (2,5 cm, 1 po) de gingembre frais, râpé
- 5 cl (1/4 tasse) de vin de riz de Shaoxing
- Le jus de 1 citron vert
- 2 c. à s. d'huile végétale
- 2 c. à t. de sauce soya
- 1 c. à s. de graines de sésame, grillées

Pour la salade

- 100 g (1 tasse) de carottes râpées
- 100 g (1 tasse) de concombre, découpé en fines rondelles
- 2 petits bok choy, feuilles séparées
- 2 poivrons rouges, émincés
- Coriandre fraîche

Déchirez les fines tranches de thon en petits morceaux, puis disposez-les dans un plat de service. Mélangez le gingembre, la sauce soya et l'huile de sésame, et arrosez le thon de cette marinade. Réservez au frais pendant la préparation de la vinaigrette.
Dans un petit saladier, mélangez le gingembre râpé, le vin de riz, le jus de citron vert, l'huile, la sauce soya et les graines de sésame. Réservez.
Disposez les carottes, le concombre, les feuilles de bok choy et les poivrons sur le pourtour d'un grand plat de service, et placez le thon mariné au centre. Arrosez le tout de vinaigrette et parsemez de coriandre. Servez sans attendre.

Voir variantes p. 40

Sashimi

Pour 4 personnes

Plus facile à préparer que les sushis, le sashimi consiste en des petits morceaux de poisson cru coupés très fin, servis avec une légère garniture de légumes. Choisissez du poisson extrafrais, de premier choix, qui peut être consommé cru.

225 g (8 oz) de poisson frais en filets (type thon, saumon ou truite), débarrassés de la peau, rincés et essuyés
100 g (1 tasse) de carottes, fraîchement râpées
100 g (1 tasse) de daikon (radis chinois), fraîchement râpé
Feuilles de mizuna
Sauce soya
Gingembre confit au vinaigre
Wasabi

Emballez le poisson et placez-le au réfrigérateur 1 à 2 h ; il doit durcir, mais non congeler. À l'aide d'un couteau tranchant, découpez les filets en tranches de 0,5 cm (1/4 po) d'épaisseur, en diagonale. Disposez les tranches ainsi obtenues sur un plat de service. Agrémentez-les de carottes râpées, de radis chinois et de mizuna.
Servez accompagné de sauce soya, de gingembre confit au vinaigre et de wasabi.

Voir variantes p. 41

Crudo de flétan

Pour 4 personnes

Version italienne du sashimi, le *crudo* est constitué de poisson cru finement émincé, agrémenté d'huile d'olive extravierge, de jus de citron et d'herbes aromatiques. Tout comme les sushis, il peut être préparé avec différentes variétés de poissons. N'hésitez pas à décliner la recette selon vos goûts et vos envies. Veillez simplement à trancher le poisson très finement et à le disposer de manière appétissante dans le plat. Utilisez du poisson extrafrais, qui peut être consommé cru.

225 g (8 oz) de flétan de premier choix, débarrassé de sa peau, rincé et essuyé
Huile d'olive extravierge
Gros sel
1 citron, coupé en huit
Feuilles de menthe fraîche ou de basilic frais

Emballez le poisson et placez-le au réfrigérateur 1 à 2 h ; il doit durcir, mais non congeler. Découpez-le à l'horizontale, contre le grain, en 8 tranches de 0,3 cm (1/10 po) d'épaisseur. Arrosez d'huile d'olive des assiettes individuelles. Répartissez-y les tranches de poisson, puis salez légèrement.

Disposez 2 morceaux de citron dans chaque assiette. Parsemez le poisson de menthe ou de basilic. Réservez au frais avant de servir.

Voir variantes p. 42

Sushis (version simplifiée)

Pour 4 personnes

Pour préparer des sushis, il suffit de rouler des petits morceaux de poisson cru et du riz à sushis assaisonné dans des feuilles d'algues appelées *nori*. Vous aurez pour cela besoin d'un *makisu*, sorte de tapis flexible de forme rectangulaire, constitué de fines lamelles de bambou. Préparez les sushis à la dernière minute, les feuilles de nori étant difficiles à mâcher si elles sont trop gorgées d'eau.

100 g (3 ½ oz) de poisson frais en filets (type thon, maquereau, saumon ou cabillaud), débarrassés de la peau, rincés et essuyés
1 feuille de nori (19 x 22 cm, 8 x 9 po)
100 g (½ tasse) de riz à sushis cuit
Sauce soya
Gingembre confit au vinaigre
Wasabi

Découpez le poisson en fines lamelles de la taille d'un doigt. Déposez 1 feuille de nori, face brillante au-dessous, sur le makisu. Étalez le riz dessus, en laissant un bord supérieur de 1 cm (⅓ po).
Au centre de la couche de riz, disposez des lamelles de poisson de façon à former une bande horizontale. En commençant par le haut, aidez-vous du makisu pour rouler les sushis assez (mais pas trop) serrés, en veillant bien à ce que le riz ne ressorte pas sur les côtés.
Sortez le rouleau ainsi obtenu du makisu et découpez-le en 8 pièces.
Servez accompagné de sauce soya, de gingembre confit au vinaigre et de wasabi.

Voir variantes p. 43

Gravlax

Pour 8 à 10 personnes

Rafraîchissant et doté d'une texture soyeuse, le gravlax finement émincé constitue une entrée de choix, en particulier quand il est accompagné de pain (complet ou de seigle) et de beurre. Le gravlax est une spécialité scandinave constituée de saumon frais mariné avec un mélange de sucre, de sel et d'herbes. Il se conserve bien 3 mois au congélateur.

1,5 kg (3 ¼ lb) de saumon, de préférence le cœur du filet, débarrassé de sa peau, rincé et essuyé
25 g (2 c. à s.) de sel fin
25 g (2 c. à s.) de sucre
175 g (1 ¾ tasse) d'aneth, finement ciselé (frondes et tiges)
1 c. à t. de poivre noir, fraîchement moulu

Achevez de désarêter le poisson avec une pince à épiler et épongez-le très soigneusement. Dans un petit saladier, mélangez le sel, le sucre, l'aneth et le poivre. Frottez la partie charnue du filet de ce mélange. Disposez le saumon dans un plat et couvrez-le de film alimentaire. Posez un poids sur le poisson. Placez-le 72 h environ au réfrigérateur.
Au moment de servir, jetez le liquide qui s'est accumulé au fond du plat et débarrassez au maximum le poisson du mélange épices-herbes. Découpez-le, en diagonale, en très fines tranches et servez.
Le gravlax bien emballé se conserve 1 semaine au réfrigérateur. Pour le congeler, séparez les tranches avec du papier sulfurisé, emballez soigneusement et placez au congélateur.

Voir variantes p. 44

Ceviche

Pour 8 personnes

La côte Pacifique du Pérou est connue pour sa spécialité de poisson cru mariné appelée *ceviche*. De petits dés de poisson cru sont « cuits » dans une préparation à base de jus d'agrumes ou de vinaigre, rehaussée d'autres condiments. Le *ceviche* est réfrigéré, puis servi frais dans de petites coupelles ou dans des cuillères spéciales.

325 g (12 oz) de poisson frais (type empereur, thon ou mérou), rincé, essuyé et coupé en petits dés
10 cl (3/8 tasse) de jus de citron vert frais
2 c. à s. de jus d'orange frais
1 c. à t. de cumin moulu
Sel fin et poivre blanc, finement moulu
100 g (1/2 tasse) de pastèque, épépinée et finement émincée
50 g (1/4 tasse) de jicama ou pois patate, fraîchement râpé
50 g (1/4 tasse) d'oignons nouveaux, finement émincés
50 g (1/4 tasse) de tomate mûre, pelée et finement concassée

Mettez le poisson dans un grand saladier en verre ou en terre cuite. Ajoutez les jus de citron vert et d'orange, le cumin, le sel et le poivre. Mélangez bien, couvrez de film alimentaire et réservez 15 min environ au réfrigérateur.

Découvrez le saladier, ajoutez la pastèque, le jicama, les oignons nouveaux et la tomate. Couvrez de nouveau et placez au frais 15 min de plus ; le poisson doit prendre une teinte opaque à l'extérieur, mais rester cru à cœur. Servez bien frais.

Voir variantes p. 45

Vivaneau Aotearoa

Pour 6 personnes

Aotearoa est le nom maori de la Nouvelle-Zélande. Des innombrables poissons qui peuplent les eaux néo-zélandaises, le vivaneau est le plus connu et le plus prisé. Dans le cadre de cette recette, vous pouvez pourtant lui substituer de la dorade rose ou du saint-pierre. Le vivaneau Aotearoa, qui change agréablement d'un cocktail de crevettes, peut être servi sur un lit de salade.

900 g (2 lb) de filets de vivaneau, débarrassés de la peau, rincés, essuyés et coupés en dés de 1 cm (1/3 po)
Le jus de 2 citrons jaunes
Le jus de 1 citron vert
1 oignon rouge moyen, très finement émincé
1 poivron jaune ou rouge, épépiné et finement émincé
1 poivron vert, épépiné et finement émincé
225 g (1/2 lb) de tomates cerises, équeutées et coupées en deux
1 boîte (400 g, 14 oz) de lait de coco
Sel fin

Mettez les dés de poisson dans un grand saladier en verre ou en terre cuite, et arrosez-les du jus des citrons. Couvrez de film alimentaire et réservez au frais jusqu'à ce que le poisson prenne une teinte blanche (comptez 4 à 8 h).
Ajoutez les légumes et le lait de coco aux dés de poisson. Salez à votre convenance. Servez dans des verres à cocktail ou sur un lit de salade.

Voir variantes p. 46

Tartare de thon en cônes de tortilla

Pour 4 personnes

Simples à préparer, les plats de poisson cru comme celui-ci vous permettent de consacrer du temps à leur présentation. Les petits cônes de tortilla sont faciles à réaliser. Reportez-vous aux recettes de la p. 47 pour des idées de présentation.

4 tortillas de blé
100 g (3 ½ oz) de filets de thon, débarrassés de la peau, rincés, essuyés et finement émincés
2 tomates, épépinées et finement concassées
1 oignon nouveau, finement émincé
5 cl (¼ tasse) de jus de citron frais
50 g (1 tasse) de coriandre fraîche
2 c. à t. d'huile végétale
¼ de c. à t. de sauce piquante

Préchauffez le four à 350 °F (175 °C). À l'aide d'un emporte-pièce de 7 cm (2 ¾ po) de diamètre, découpez 5 disques dans chaque tortilla. Façonnez-les en cônes, que vous maintiendrez en forme avec une pique en bois glissée à la base. Disposez les cônes sur une plaque de cuisson et enfournez pour 10 min ; ils doivent être dorés et légèrement croquants. Laissez refroidir.

Préparez le tartare. Dans un saladier en verre ou en terre cuite, mélangez délicatement le reste des ingrédients. Couvrez et réservez au réfrigérateur au moins 1 h et jusqu'à 24 h. Avant de servir, égouttez bien le tartare pour le débarrasser d'un éventuel excès de jus. Garnissez-en chaque cône et servez sans attendre.

Voir variantes p. 47

Variantes

Huîtres sauce mignonnette

Recette de base p. 23

Pétoncles sauce mignonnette
Suivez la recette de base, en remplaçant les huîtres par des pétoncles.

Huîtres au gingembre confit, au wasabi et à la sauce miso-soya
Remplacez la sauce mignonnette par une sauce au miso et au soya. Dans une casserole, mélangez 25 g (1/8 tasse) de cassonade, 2 c. à s. de sauce soya, 2 c. à s. d'eau chaude et 2 c. à s. de miso. Portez à ébullition, laissez refroidir et placez 2 h au frais. Préparez les huîtres, puis agrémentez chaque assiette de 1 c. à t. de gingembre mariné et de 1 c. à t. de wasabi.

Huîtres sauce au raifort
Remplacez la sauce mignonnette par de la sauce au raifort. Mélangez 25 cl (1 tasse) de ketchup, 2 c. à s. de raifort, 1/2 c. à t. de sauce pimentée, 1/2 c. à t. de sauce Worcestershire et 1 c. à s. de jus de citron vert frais.

Huîtres sauce pimentée au barbecue
Mélangez 225 g (1/2 lb) de tomates en conserve, 25 g (1/8 tasse) d'oignon nouveau émincé, 1 piment jalapeño émincé et 2 c. à s. de jus de citron vert. Salez. Préparez le barbecue. Agrémentez les huîtres d'un peu de cette préparation. Disposez-les sur la grille, couvrez et laissez cuire 3 à 4 min ; le bord des huîtres doit commencer à s'ourler. Servez avec du citron vert.

Variantes

Carpaccio de thon frais

Recette de base p. 24

Carpaccio de saumon frais

Suivez la recette de base, en remplaçant le thon par du saumon frais.

Carpaccio de thon frais, sauce au gingembre et au citron vert

Suivez la recette de base, en remplaçant la sauce carpaccio par de la sauce au gingembre et au citron vert. Mélangez 175 g (3/4 tasse) de mayonnaise avec 2 c. à s. de jus de citron vert frais, 2 c. à s. de gingembre frais râpé et 1/4 de c. à t. de sauce piquante. Supprimez les câpres.

Carpaccio de saumon frais à l'aïoli

Suivez la recette de base, en remplaçant le thon par du saumon et la sauce carpaccio par de l'aïoli (p. 262). Remplacez également les câpres par des olives Kalamata dénoyautées.

Carpaccio de thon frais-san

Suivez la recette de base, en remplaçant la sauce carpaccio par le mélange suivant : fouettez 50 g (1 oz) de tahini avec 5 cl (1/4 tasse) de vin de riz de Shaoxing, 25 g (1 c. à t.) de poudre de wasabi, 1 1/2 c. à t. de moutarde de Dijon, 1 c. à s. de sauce soya et 1 1/2 c. à t. de cassonade. Supprimez les câpres.

Variantes

Salade de poisson cru à l'orientale

Recette de base p. 27

Salade de poisson cru et de gingembre confit à l'orientale
Suivez la recette de base, en ajoutant au plat de salade 100 g (3 ½ oz) de gingembre confit au vinaigre.

Salade de saumon cru à l'orientale
Suivez la recette de base, en remplaçant le thon par du saumon cru coupé en très fines lamelles (p. 24).

Salade de saumon fumé à l'orientale
Suivez la recette de base, en remplaçant le thon cru par de fines lamelles de saumon fumé.

Salade de poisson cru à l'orientale, vinaigrette aux prunes, chips de wontons et gingembre confit
Suivez la recette de base, en ajoutant à la vinaigrette 2 c. à s. de sauce chinoise aux prunes. Ajoutez à la salade 50 g (1 ¾ oz) de chips de wontons (ou autant de nouilles chow mein) et 100 g (3 ½ oz) de gingembre confit au vinaigre.

Variantes

Sashimi

Recette de base p. 28

Sashimi poêlé

Badigeonnez un côté du filet de poisson de 1 c. à s. d'huile de colza. Faites chauffer à blanc une poêle en fonte et mettez-y le filet à cuire 1 min environ, face huilée au-dessous. Découpez en très fines tranches, en diagonale. Servez avec du citron.

Sashimi à l'huile de sésame chaude

Suivez la recette de base, en supprimant la garniture. Répartissez le poisson dans 4 assiettes. Arrosez du jus de 1 orange et agrémentez de gingembre frais coupé en fins bâtonnets. Faites chauffer 2 c. à s. d'huile de colza et 1 c. à s. d'huile de sésame, et arrosez-en le poisson. Garnissez de coriandre finement ciselée.

Sashimi sauce soya à l'ail

Suivez la recette de base. Dans une petite casserole, portez à ébullition 3 c. à s. de sauce soya, 1 c. à s. de vin de riz de Shaoxing, 1½ c. à t. de sucre, ½ c. à t. de gingembre frais râpé, 4 petites gousses d'ail émincées, 1 c. à s. d'huile végétale et ½ c. à t. de sauce piquante. Laissez refroidir et servez avec le poisson.

Sashimi de calmar

Remplacez le poisson par 4 petits calmars extrafrais, nettoyés et débarrassés de leur peau. Emballez-les soigneusement et mettez-les 20 min au congélateur. Coupez-les finement en diagonale, puis suivez la recette de base.

Variantes

Crudo de flétan

Recette de base p. 30

Crudo de pétoncles
Suivez la recette de base, en remplaçant le flétan par de petits pétoncles (il n'est pas nécessaire de les découper en petits morceaux) et le basilic par du cerfeuil ou de l'estragon.

Crudo de flétan au pesto
Suivez la recette de base, en agrémentant les tranches de poisson de pesto. Servez avec des quartiers de citron et du basilic frais.

Crudo d'espadon à la tapenade
Suivez la recette de base, en remplaçant le flétan par de l'espadon. Agrémentez le poisson cru de tapenade. Servez avec des quartiers de citron et un hachis d'olives noires.

Crudo de flétan au citron et au poivre noir
Suivez la recette de base, en ajoutant à chaque portion un peu de zeste de citron fraîchement râpé et un peu de poivre noir fraîchement moulu.

Crudo de saumon, sauce carpaccio
Suivez la recette de base, en remplaçant le flétan par du saumon et le basilic par du persil plat. Arrosez le poisson de sauce carpaccio (p. 24).

Variantes

Sushis (version simplifiée)

Recette de base p. 31

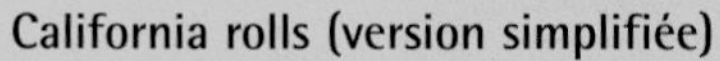

California rolls (version simplifiée)

Couvrez le makisu de film alimentaire et étalez-y 100 g (3 ½ oz) de riz à sushis de façon à former un carré de 18 cm² (7 po²). Recouvrez le riz d'une feuille de nori (face brillante au-dessus), en ménageant un bord supérieur de 2,5 cm (1 po). Au centre, disposez une bande de bâtonnets d'avocat, que vous recouvrirez de chair de crabe cuite. En vous aidant du makisu et du film alimentaire, roulez le tout en une bûche, en supprimant le film alimentaire au fur et à mesure de l'opération. Découpez en 8 morceaux et servez sans attendre.

Sushis au concombre

Suivez la recette de base, en accompagnant de bâtonnets de concombre.

Sushis aux asperges et aux crevettes

Suivez la recette de base, en remplaçant le poisson cru par de grosses crevettes cuites et en y ajoutant des tronçons d'asperges cuites à la vapeur.

Sushis « nigiri »

Suivez la recette de base, en supprimant le nori. Prenez 25 g (½ tasse) de riz à sushis dans le creux de la main. Ajoutez-y 1 morceau de poisson cru. Agrémentez d'un peu de wasabi. De l'autre main, recouvrez le poisson de riz, en façonnant une sorte de cylindre. Répétez l'opération avec le reste de poisson et de riz.

Variantes

Gravlax

Recette de base p. 32

Gravlax à l'aneth et à la betterave

Suivez la recette de base, en ajoutant à la préparation à l'aneth 100 g (3/4 tasse) de betterave râpée et 1 c. à t. de graines de coriandre moulues.

Gravlax poêlé

Suivez la recette de base. Sortez le gravlax du réfrigérateur et débarrassez-le de la plus grande partie de la préparation à l'aneth. Badigeonnez cette face de 1 c. à s. d'huile de colza. Faites chauffer à blanc une poêle en fonte et mettez-y le saumon à cuire 1 min environ, face huilée au-dessous. Coupez le poisson en diagonale et servez avec des quartiers de citron.

Gravlax au genièvre

Suivez la recette de base, en ajoutant 25 g (2 c. à t.) de graines de genièvre écrasées à la préparation à l'aneth.

Gravlax au zeste d'orange

Suivez la recette de base, en ajoutant à la préparation à l'aneth 2 c. à s. de zeste d'orange et 1 c. à t. de zeste de citron fraîchement râpé.

Variantes

Ceviche

Recette de base p. 34

Ceviche de dorade rose
Suivez la recette de base, en utilisant de la dorade rose fraîche.

Ceviche de thon
Suivez la recette de base, en utilisant du thon extrafrais, et en remplaçant la pastèque par de l'avocat et l'oignon nouveau par des feuilles de coriandre finement ciselées.

Ceviche de crevettes au piment
Suivez la recette de base, en utilisant 8 crevettes moyennes, décortiquées et nettoyées, coupées en morceaux de 1 cm (1/3 po) environ. Remplacez la pastèque par 2 piments rouges à l'huile et l'oignon nouveau par des feuilles de coriandre finement ciselées.

Ceviche de langouste, de piment et de mangue
Suivez la recette de base, en remplaçant le poisson par 4 queues de langouste fraîches ou congelées, que vous ferez cuire 3 min à l'eau bouillante avant de les découper en petits morceaux. Remplacez la pastèque par 2 mangues pelées, dénoyautées et coupées en dés ; les tomates par 1 petit piment rouge grillé, équeuté, épépiné et émincé ; et l'oignon nouveau par quelques feuilles de coriandre finement ciselées.

Variantes

Vivaneau Aotearoa

Recette de base p. 35

Vivaneau à la samoane
Suivez la recette de base, en remplaçant le jus des citrons jaunes et vert par celui de 3 citrons jaunes et l'oignon rouge par 25 g (1/8 tasse) d'oignon nouveau finement ciselé. Servez avec de fines rondelles de citron.

Vivaneau Aotearoa au barbecue
Suivez la recette de base, en laissant les filets entiers. Badigeonnez-les des deux côtés d'huile végétale et faites-les cuire au barbecue, sur des braises très chaudes, environ 3 min 30 de chaque côté, et en les retournant une fois. Mélangez les jus d'agrumes, les légumes et le lait de coco ; salez le mélange à votre gré. Servez le poisson baignant dans cette sauce.

Vivaneau à la thaïe
Suivez la recette de base, en remplaçant les citrons jaunes par 1 ou 2 citrons verts. À la place des légumes, agrémentez le lait de coco de 1 petit poivron rouge ou vert, épépiné et émincé, et de 1 c. à s. de pâte de curry vert. Parsemez le tout de coriandre fraîche.

Vivaneau à l'orange
Suivez la recette de base, en remplaçant le jus de 1 citron vert par le zeste et le jus de 1 orange. Parsemez de coriandre fraîche finement ciselée.

Variantes

Tartare de thon en cônes de tortilla

Recette de base p. 36

Trio de tartares

Supprimez les cônes de tortilla. Remplacez le thon par 50 g (1 3/4 oz) de dorade rose, 50 g (1 3/4 oz) de saumon et 50 g (1 3/4 oz) de lotte finement émincés, que vous mettez dans 3 petits saladiers. Mélangez le reste des ingrédients et répartissez dans les saladiers. Couvrez et réfrigérez entre 1 et 24 h, puis égouttez bien le tartare. Disposez chaque sorte de tartare sur une assiette, parsemez de coriandre finement ciselée et servez sans attendre.

Tartare de saumon

Suivez la recette de base, en remplaçant les tortillas de blé par des tortillas parfumées au piment jalapeño et le thon par du saumon.

Tartare de pétoncles

Suivez la recette de base, en remplaçant les tortillas de blé par des tortillas parfumées aux piments rouges et le thon par 100 g (3 1/2 oz) de petits pétoncles.

Gâteaux de tartare

Suivez la recette de base, en supprimant les cônes de tortilla. Répartissez le tartare dans 6 ramequins. Retournez délicatement sur les assiettes, puis arrosez le pourtour de chaque « gâteau » de sauce à la mangue et au citron vert (p. 265) et parsemez de coriandre ciselée.

Cuisson à la vapeur

Depuis le néolithique, on prépare les poissons et les fruits de mer en les faisant cuire à la vapeur, en les pochant ou en les faisant bouillir. Pour un résultat optimal, arrêtez la cuisson des poissons sitôt que leur chair prend une teinte opaque et celle des crustacés dès que leur carapace rosit. Pour donner de la couleur et de la texture à vos préparations, agrémentez-les de diverses sauces venues du monde entier.

Crevettes sauce cocktail

Pour 4 personnes

Transformer un classique cocktail de crevettes en une entrée exceptionnelle ne requiert qu'un tout petit effort supplémentaire en cuisine. Faites cuire vous-même des crevettes entières, tête comprise. Il suffit de quelques secondes pour réaliser une sauce cocktail. Servez le tout bien frais.

1 l (4 tasses) d'eau
25 g (2 c. à s.) de sel fin
450 g (1 lb) de grosses crevettes entières, rincées et essuyées
Feuilles de salade (laitue)

Pour la sauce cocktail
25 cl (1 tasse) de ketchup
Raifort du commerce
Jus de citron frais
Sauce piquante

Dans une grande casserole, portez à ébullition l'eau additionnée de sel. Plongez-y les crevettes. Couvrez et laissez cuire 6 à 8 min ; les crevettes doivent être rosées et opaques. Vérifiez régulièrement la cuisson, pour éviter de trop faire cuire les crustacés. Passez les crevettes sous l'eau très froide, pour arrêter la cuisson, et égouttez-les. Dès qu'elles ont suffisamment refroidi, débarrassez-les de leur tête et de leurs pattes. Tenez-les par la queue et soulevez leur carapace vers le haut pour les décortiquer. À l'aide d'un petit couteau, incisez-les sur le dessus pour les débarrasser de leur tube digestif (sorte de fil noir). Rincez-les sous l'eau froide, puis couvrez-les d'un film et réservez-les au frais jusqu'au moment de servir. Dans un petit saladier, mixez les ingrédients de la sauce cocktail. Couvrez et réservez au frais jusqu'au moment de servir.
Pour servir, disposez les feuilles de laitue sur des assiettes individuelles ou dans des verres à cocktail. Garnissez-les de crevettes et arrosez le tout de sauce cocktail.

Voir variantes p. 64

Crabe à la vapeur

Pour 4 personnes

Les crabes vivants cuits à la vapeur au-dessus d'un liquide parfumé peuvent être dégustés tels quels, avec un peu de beurre fondu. Leur chair non émiettée peut aussi être utilisée pour la confection de salades ou de galettes, la chair émiettée étant surtout destinée à la préparation de dips et de farces. Il n'est guère facile de décortiquer les crabes – d'où le prix généralement exorbitant de la chair de crabe émiettée vendue dans le commerce.

1 douzaine d'étrilles vivantes
25 cl (1 tasse) de vinaigre de cidre
25 cl (1 tasse) de bière
3 c. à s. de sel de céleri
1 c. à t. de quatre-épices
1 c. à t. de paprika

Vérifiez que les crabes sont bien vivants ; jetez ceux qui ne remuent pas. Dans un cuit-vapeur, portez à ébullition le vinaigre et la bière additionnés du sel et des épices. Couvrez, réduisez le feu et laissez mijoter 20 à 25 min ; les carapaces doivent avoir pris une teinte orange vif. Disposez les crabes cuits sur une surface plane recouverte de papier journal. Placez à portée de main un saladier où entreposer la chair des crabes, un autre pour les parties à décortiquer et un dernier servant de poubelle. Dès que les crabes ont suffisamment refroidi, prenez-en un et posez-le sur le dos, ventre à l'air. Débarrassez-le de ses pattes et de ses pinces. Tirez sur la plaque ventrale étroite et pointue (chez les mâles) ou plus large et triangulaire (chez les femelles). Mettez le crabe sur le côté. Faites glisser votre pouce entre la coquille molle et le corps proprement dit, et séparez ces deux parties. Ne conservez que la chair blanche (jetez le reste). Coupez ensuite le corps en deux, pour récupérer le reste de chair. Cassez enfin les pattes et les pinces, et récupérez-en le contenu. Conservez les gros morceaux de carapace pour la confection d'un fond. Servez la chair de crabe avec du beurre fondu.

Voir variantes p. 65

Moules au vin blanc, à l'ail et aux herbes

Pour 6 personnes

Les moules-frites accompagnées d'une bonne mayonnaise faite maison constituent un classique de la cuisine belge. Cuites à la vapeur, les moules sont particulièrement délicieuses. Jetez celles qui sont ouvertes avant la cuisson, comme celles qui restent fermées une fois cuites.

1 c. à s. d'huile d'olive
1 oignon moyen, émincé
2 gousses d'ail, finement émincées
25 cl (1 tasse) de vin blanc sec
1 c. à s. d'estragon frais, finement ciselé
1,5 kg (3 1/4 lb) de moules, brossées et ébarbées
50 g (3/4 tasse) de persil plat, finement ciselé

Dans une grande casserole, faites chauffer l'huile d'olive et mettez-y l'oignon et l'ail à revenir 4 min environ à feu moyen ; l'oignon doit devenir translucide. Mouillez avec le vin, ajoutez l'estragon et portez le tout à ébullition. Versez-y les moules, couvrez et laissez cuire 5 à 7 min, en remuant la casserole de temps à autre ; les moules doivent être ouvertes. Jetez celles qui demeurent fermées.
Répartissez les moules et leur jus de cuisson dans des assiettes creuses. Parsemez chaque portion d'un peu de persil ciselé et servez sans attendre.

Voir variantes p. 66

Wraps de crevettes et de légumes façon thaïe

Pour 8 personnes

Ces délicieux wraps colorés sont transparents, ce qui permet d'en apercevoir le contenu. Servez-les accompagnés d'une sauce ou d'un dip, pour une entrée ou un déjeuner léger.

5 cl (1/4 tasse) de sauce soya
1 c à s. de miel
1 c. à t. d'huile de sésame
1/2 c. à t. de graines de sésame noir
1 gousse d'ail, finement émincée
50 g (2 oz) de vermicelles de riz
225 g (8 oz) de crevettes cuites, grossièrement hachées
5 cl (1/4 tasse) de vin de riz de Shaoxing
1 1/2 c. à t. de gingembre frais, râpé
50 g (1/2 tasse) de carottes râpées
25 g (3/8 tasse) de feuilles de menthe, finement ciselées
2 oignons nouveaux, finement émincés
8 feuilles de riz
100 g (1 1/2 tasse) de romaine, en chiffonnade

Dans un petit saladier, mélangez soigneusement la sauce soya, le miel, l'huile, les graines de sésame et l'ail. Faites cuire les vermicelles 2 min dans un grand volume d'eau bouillante ; ils doivent être tendres. Égouttez-les et passez-les sous l'eau froide. Égouttez-les de nouveau et coupez-les aux ciseaux en tronçons. Dans un saladier, mélangez les crevettes, le vin de riz et le gingembre. Dans un autre, mélangez les carottes, la menthe et les oignons nouveaux. Plongez une à une les feuilles de riz dans une assiette creuse remplie d'eau tiède. Égouttez-les et placez-les entre 2 torchons humides. Réservez-les 3 à 4 min, le temps qu'elles ramollissent. Garnissez 1 feuille de riz d'une couche de salade, de vermicelles, de crevettes, puis de carottes à la menthe et aux oignons. Roulez le tout en cylindre, en repliant les bords vers l'intérieur à mi-chemin. Coupez chaque wrap en deux, légèrement en biais. Servez avec la sauce.

Voir variantes p. 67

Poisson en feuille de bananier à la singapourienne

Pour 4 personnes

Le poisson enrobé dans des feuilles de bananier et cuit à la vapeur est tendre et parfumé. Les filets cuisent rapidement, mais on peut aussi préparer ainsi de petits poissons entiers – comptez 15 à 20 min de cuisson supplémentaire. Les feuilles de bananier surgelées se trouvent dans certains supermarchés et épiceries asiatiques. Laissez-les dégeler, puis découpez-les à la taille voulue. À défaut, du papier d'aluminium fera l'affaire.

50 g (2/3 tasse) de copeaux de noix de coco déshydratés
20 cl (7/8 tasse) d'eau chaude
1 gousse d'ail
1 c. à t. de gingembre frais, râpé
1/4 de c. à t. de gingembre moulu
1 c. à t. de graines de coriandre moulues
1 c. à t. de curry en poudre ou de massalé
1 c. à t. de sel fin
1 1/2 c. à s. de jus de citron frais
1 c. à s. de feuilles de coriandre, ciselées
4 filets de flétan ou de cabillaud, débarrassés de la peau, rincés et essuyés
1 grande feuille de bananier, découpée en plusieurs morceaux

Mixez la noix de coco, l'eau, l'ail, les gingembres frais et moulu, les graines de coriandre, le curry, le sel et le jus de citron, jusqu'à obtention d'un mélange lisse. Ajoutez-y la coriandre ciselée. Disposez chaque filet au centre de 1 feuille de bananier suffisamment grande pour l'en emballer. Garnissez d'un quart de la pâte à la noix de coco. Remplissez un cuit-vapeur d'eau que vous porterez à ébullition. Disposez les papillotes dans le panier vapeur ou sur la grille de cuisson face pliée au-dessous, sans les superposer. Couvrez le tout et laissez cuire 15 min ; la partie épaisse du filet doit s'effilocher à la fourchette. Déballez et servez aussitôt.

Voir variantes p. 68

Raviolis de fruits de mer à la chinoise

Pour 8 à 10 personnes

Pour les célébrations de leur nouvel an, qui a généralement lieu en février, les Chinois confectionnent des raviolis de toutes sortes. Mais ces petits pâtés peuvent se déguster toute l'année et font une délicieuse entrée. Cette recette permet de réaliser une bonne cinquantaine de raviolis qui – ne vous faites pas d'illusion – seront vite engloutis !

450 g (2 lb) de crevettes moyennes crues, décortiquées, rincées et essuyées
2 oignons nouveaux, grossièrement émincés
1 c. à s. de feuilles de coriandre fraîche, ciselées
1 c. à s. de feuilles de menthe fraîche, ciselées
2 c. à t. de sauce soya
Sel fin
2 c. à s. de crème 35%
54 feuilles de pâte à raviolis
1 gros œuf, battu avec 2 c. à s. d'eau
Vinaigrette asiatique (p. 27), sauce miso-soya (p. 38) et/ou sauce soya à l'ail (p. 41)

À l'aide d'un robot électrique, hachez finement les crevettes, les oignons nouveaux et les feuilles de coriandre et de menthe. Incorporez-y la sauce soya et salez. Transvasez dans un saladier et ajoutez-y la crème 35%. Disposez les feuilles de pâte à raviolis sur le plan de travail. À l'aide d'un pinceau de cuisine, badigeonnez-en les bords d'un peu d'œuf battu. Garnissez chaque feuille de 1 c. à t. bien bombée de hachis, puis repliez-la de façon à en faire coïncider les bords. Fermez les raviolis en pinçant bien les bords l'un contre l'autre. Portez à ébullition une grande casserole d'eau. Plongez-y plusieurs raviolis à la fois et laissez-les cuire 2 min environ ; la pâte doit devenir transparente et les crevettes prendre une teinte rose. Égouttez les raviolis dans un égouttoir. Servez-les tièdes, accompagnés de sauce.

Voir variantes p. 69

Saumon poché

Pour 4 personnes

Un saumon poché, d'une belle couleur corail, est aussi apprécié pour un brunch que pour le déjeuner ou le dîner, ou encore dans le cadre d'un petit buffet convivial. Il se marie parfaitement avec la sauce hollandaise – ce qui explique qu'on les associe si souvent –, mais d'autres sauces peuvent aussi bien convenir.

900 g (2 lb) de filet de saumon, avec la peau, rincé et essuyé
Sel de mer fin
Poivre blanc, fraîchement moulu
20 g (1 c. à s.) de beurre pour le moule
Rondelles de citron
Rondelles de concombre
Cresson

Pour le bouillon
3,5 l (15 tasses) d'eau
25 cl (1 tasse) de vin blanc sec
10 cl (3/8 tasse) de vinaigre à l'estragon
225 g (1 1/3 tasse) de carottes, en rondelles
225 g (1 1/3 tasse) d'oignons, en gros morceaux
6 brins de persil
2 feuilles de laurier
1 c. à s. de poivre noir en grains

Préchauffez le four à 450 °F (230 °C). Salez et poivrez le saumon, enveloppez-le dans une mousseline doublée et déposez-le dans un grand plat de cuisson beurré. Dans une grande casserole, portez l'eau à ébullition, puis ajoutez-y le vin, le vinaigre, les carottes, les oignons, le persil, le laurier et le poivre en grains. Laissez mijoter 15 min environ. Versez ce bouillon avec précaution dans le plat contenant le filet de saumon, de manière à recouvrir celui-ci aux trois quarts. Faites pocher 7 à 8 min, puis sortez le plat du four. Laissez le saumon tiédir dans son eau de cuisson, puis retirez-le du plat, déballez-le et disposez-le sur un grand plat de service. Garnissez de rondelles de citron et de concombre, et entourez de cresson. Servez tiède ou frais. Filtrez le bouillon, laissez-le refroidir, puis congelez-le pour un usage ultérieur.

Voir variantes p. 70

Homard braisé au beurre

Pour 4 personnes

Pour tirer le meilleur parti des produits de la mer congelés, faites-les braiser au beurre. Le fond utilisé pour le déglaçage peut être parfumé avec les ingrédients les plus divers – ce qui permet de l'utiliser comme base pour une grande variété de sauces.

8 petites queues de homard surgelées
Jus de citron
Sel fin et poivre blanc, fraîchement moulu
4 c. à s. de beurre
5 cl (1/4 tasse) de vin blanc sec
5 cl (1/4 tasse) de fond de volaille, de bouillon de crustacés (p. 65) ou de bouillon de saumon (p. 58)
5 cl (1/4 tasse) de vermouth sec blanc, de porto ou de xérès
5 cl (1/4 tasse) de crème 35 %

Préchauffez le four à 400 °F (200 °C). Décortiquez délicatement les queues de homard pour les conserver entières. Arrosez de jus de citron ; salez et poivrez à votre convenance. Dans une casserole à fond épais (munie d'un couvercle), faites chauffer le beurre jusqu'à ce qu'il frémisse. Mettez-y les queues de homard à rissoler rapidement dans le beurre chaud, puis couvrez d'un disque de papier sulfurisé et mettez le couvercle en place. Enfournez pour 6 à 8 min ; la chair du homard doit être blanche et se montrer élastique au toucher. Sortez la casserole du four. Disposez les queues de homard sur un plat de service. Réservez au chaud. Faites chauffer la casserole à feu vif et mouillez le beurre résiduel avec le vin et le bouillon. Laissez réduire 5 min, jusqu'à obtention d'une réduction sirupeuse. Ajoutez le vermouth (ou le porto, ou le xérès) et portez de nouveau à ébullition. Laissez mijoter 1 min environ. Agrémentez cette sauce de crème. Rectifiez l'assaisonnement, si nécessaire, puis nappez-en les queues de homard. Servez sans attendre.

Voir variantes p. 71

Paella simplifiée

Pour 8 personnes

La paella convient parfaitement pour les grandes réunions conviviales. Cette version-ci est prête en 45 min.

2 c. à s. d'huile d'olive
100 g (1 tasse) d'oignons, émincés
50 g (2 tasses) de poivron rouge, émincé
50 g (2 tasses) de poivron vert, émincé
4 gousses d'ail, finement émincées
1 feuille de laurier
450 g (2 tasses) de tomates concassées en conserve, avec leur jus
½ c. à t. de brins de safran ou 1 c. à s. de paprika
450 g (2 ½ tasses) de riz rond, à risotto ou à paella
1 l (4 tasses) de fond de volaille ou de bouillon de saumon (p. 58)
8 palourdes, brossées
8 moules, brossées et ébarbées
8 grosses crevettes crues, décortiquées, rincées et essuyées
100 g (5/8 tasse) de petits pois surgelés, décongelés
Feuilles de persil, finement ciselées

Dans un grand plat à paella ou dans une grande casserole, faites chauffer l'huile et mettez-y les oignons, les poivrons et l'ail à revenir 5 min environ à feu moyen ; les légumes doivent être tendres. Ajoutez-y le laurier, les tomates concassées, le safran (ou le paprika) et le riz, et laissez rissoler 2 min, en remuant constamment. Mouillez avec le bouillon et portez à ébullition. Réduisez le feu, couvrez et laissez mijoter 15 à 20 min ; le riz doit être presque tendre. Ajoutez les palourdes, les moules et les crevettes, couvrez et laissez cuire 10 min de plus ; les coquillages doivent être ouverts et les crevettes devenir d'un rose opaque. Ajoutez les petits pois. Dès qu'ils sont chauds à cœur, parsemez la paella de persil ciselé et servez sans attendre.

Voir variantes p. 72

Homard comme à la plage

Pour 4 personnes

Ce plat unique, que l'on peut préparer tant à l'extérieur, au barbecue, qu'à l'intérieur, dans la cuisine, sur une plaque de cuisson classique, évoque les soirées d'été à la plage. Recouvrez la table de journaux – ce qui facilitera le rangement après le repas. Déposez la casserole au milieu de la table... et à chacun de jouer.

4 homards vivants (450 g, 1 lb chacun)
450 g (1 lb) de haricots verts
Les grains de 4 épis de maïs
Mayonnaise au soya et au sésame (p. 275)

Portez à ébullition une grande casserole d'eau. Plongez-y les homards, couvrez et laissez cuire 8 min environ ; les carapaces doivent commencer à rougir par endroits. Ajoutez les haricots verts et le maïs, et poursuivez la cuisson 6 à 8 min environ, à couvert ; les haricots doivent être cuits tout en restant croquants, et les carapaces des homards être bien rouges.
Jetez l'eau de cuisson. Présentez la casserole au centre de la table. Accompagnez les homards de mayonnaise au soya et au sésame.

Voir variantes p. 73

Variantes

Crevettes sauce cocktail

Recette de base p. 49

Écrevisses sauce barbecue

Suivez la recette de base, en remplaçant les crevettes par des écrevisses et la sauce cocktail par de la sauce barbecue. Avant cuisson, faites tremper les écrevisses vivantes 2 h dans 1 l (4 tasses) d'eau froide additionné de 100 g (1/3 tasse) de sel. Égouttez-les et rincez-les soigneusement avant de les faire cuire.

Crevettes fumées sauce cocktail

Préparez le barbecue pour une cuisson indirecte. Emballez des copeaux de bois dur dans du papier d'aluminium et percez l'emballage de plusieurs trous. Posez-le sur les braises ou près d'un brûleur. Disposez les crevettes dans un plat jetable en aluminium ; badigeonnez-les d'huile d'olive et disposez-les sur la grille, du côté opposé au feu. Dès la formation des premières fumées, abaissez le couvercle du barbecue. Laissez cuire les crevettes 30 min environ ; elles doivent être d'un rose opaque. Suivez ensuite la recette de base.

Crevettes sauce à la mangue et au citron vert

Suivez la recette de base, en remplaçant la sauce cocktail par la sauce à la mangue et au citron vert (p. 265).

Crabe sauce cocktail

Suivez la recette de base, en remplaçant les crevettes par de la chair de crabe.

Variantes

Crabe à la vapeur

Recette de base p. 50

Homard à la vapeur
Suivez la recette de base, en remplaçant le crabe par 4 homards. Faites-les cuire 20 à 25 min. Décortiquez-les et servez-les avec du beurre fondu.

Bouillon de crustacés
Dans un four préchauffé à 400 °F (200 °C), faites rôtir 1 à 1,5 kg (2 à 3 ½ lb) de carapaces de crustacés 10 min dans un grand plat de cuisson. Transvasez dans une casserole, couvrez d'eau et portez à ébullition. Écumez les 20 premières minutes. Ajoutez 25 cl (1 tasse) de vin blanc sec, 1 oignon coupé en gros morceaux, 100 g (1 tasse) de céleri, 100 g (1 tasse) de carottes, 1 feuille de laurier, 1 c. à s. de concentré de tomate et 1 c. à t. de thym séché. Laissez mijoter 30 min, en écumant régulièrement. Retirez du feu. Filtrez à travers une double épaisseur de mousseline. Jetez les résidus. Assaisonnez à votre goût. Congelez par lots de 0,5 l (2 tasses).

Salade de crabe simplifiée
Mélangez 325 g (12 oz) de chair de crabe non émiettée avec 1 c. à s. de moutarde, 100 g (½ tasse) de mayonnaise, 1 c. à s. d'aneth ciselé, du sel et du poivre blanc. Servez très frais.

Crabe à la vapeur, sauce au gingembre et au citron vert
Suivez la recette de base, en remplaçant le beurre par de la sauce au gingembre et au citron vert (p. 39).

Variantes

Moules au vin blanc, à l'ail et aux herbes

Recette de base p. 53

Moules au vin blanc et au safran
Suivez la recette de base, en remplaçant l'estragon par ½ c. à t. de safran.

Moules à la bière
Suivez la recette de base, en remplaçant le vin et l'estragon par 33 cl de bière.

Palourdes au beurre casino
Suivez la recette de base, en remplaçant les moules par des palourdes. Pour faire du beurre casino, mélangez 4 tranches de bacon grillées et émiettées, 8 c. à s. de beurre ramolli, 50 g (½ tasse) d'oignons nouveaux finement émincés, de la sauce piquante (à volonté), 1 c. à t. de sauce Worcestershire et 5 cl (¼ tasse) de jus de citron avec sel et poivre. Grillez des tranches de pain de mie. Accompagnez les palourdes de pain grillé et de beurre casino.

Palourdes au saké
Suivez la recette de base, en remplaçant les moules par des palourdes et le vin, l'ail et les herbes par 10 cl (3/8 tasse) de saké, 10 cl (3/8 tasse) de mirin et 1 c. à s. de vin de riz de Shaoxing. Couvrez et laissez cuire jusqu'à ouverture des coquillages. Répartissez dans des bols. Ajoutez au liquide de cuisson 2 oignons nouveaux émincés, 2 c. à s. de sauce soya et 6 c. à s. de beurre. Mélangez jusqu'à obtention d'un mélange homogène, que vous verserez dans les bols.

Variantes

Wraps de crevettes et de légumes façon thaïe

Recette de base p. 54

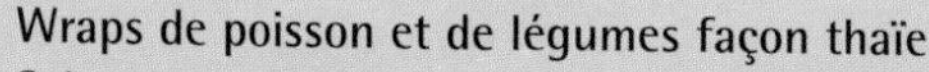

Wraps de poisson et de légumes façon thaïe

Suivez la recette de base, en remplaçant les crevettes par 325 g (12 oz) de poisson cuit.

Wraps de saumon et de légumes façon thaïe aux deux sauces

Suivez la recette de base, en remplaçant les crevettes par du saumon et en ajoutant de la sauce à la mangue et au citron vert (p. 265) en accompagnement des wraps.

Wraps de crevettes et de légumes à la mexicaine

Suivez la recette de base, en remplaçant les feuilles de riz par des tortillas de blé de 25 cm (10 po) de diamètre, les vermicelles par de l'avocat coupé en fines lamelles, le gingembre frais par 1 c. à s. de sauce pimentée du commerce et la menthe par de la coriandre. Accompagnez les wraps de sauce pimentée.

Wraps de crevettes et d'arachide à l'indonésienne, sauce à la papaye et au citron vert

Mélangez bien les crevettes cuites, le gingembre frais et l'oignon nouveau. Remplacez les vermicelles, les carottes et la menthe par un mélange de 100 g (3/4 tasse) d'arachides grillées concassées, 1 c. à s. de nuoc-mâm, 2 c. à s. de sauce aigre-douce piquante et 50 g (3/4 tasse) de coriandre ciselée, que vous incorporerez à la chiffonnade de romaine. Garnissez les feuilles de riz de cette farce. Servez les wraps avec de la sauce à la papaye et au citron vert (p. 277).

Variantes

Poisson en feuille de bananier à la singapourienne

Recette de base p. 56

Poisson rôti en feuille de bananier à la singapourienne
Suivez la recette de base, en faisant cuire le poisson non pas à la vapeur, mais 15 min environ au four préchauffé à 350 °F (175 °C).

Poisson vapeur en feuille de bananier, saveurs exotiques
Suivez la recette de base, en remplaçant le massalé par du piment chipotle écrasé et le jus de citron par du jus de citron vert. Supprimez le gingembre.

Poisson vapeur en feuille de bananier à la chinoise
Badigeonnez légèrement le poisson d'huile de sésame et garnissez-le de 50 g (1/3 tasse) de champignons émincés. Arrosez de 1 c. à s. de sauce soya, puis parsemez de 2 oignons nouveaux émincés et de 2 c. à s. de coriandre ciselée. Enveloppez le poisson dans les feuilles de bananier. Suivez ensuite la recette de base.

Perche à la vapeur
Beurrez généreusement un grand plat résistant à la chaleur et disposez-y les filets de perche sans les faire se chevaucher. Salez et poivrez, et arrosez chaque filet de 2 c. à s. de vin blanc et de jus de citron frais. Retournez un plat identique, également beurré, sur le premier pour le couvrir. Disposez les plats sur une casserole d'eau bouillante et faites cuire 15 min environ.

Variantes

Raviolis de fruits de mer à la chinoise

Recette de base p. 57

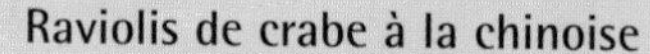

Raviolis de crabe à la chinoise
Suivez la recette de base, en remplaçant les crevettes par 450 g (1 lb) de chair de crabe.

Wontons aux fruits de mer
Suivez la recette de base, en remplaçant les feuilles de pâte à raviolis par des feuilles de pâte à wontons. Badigeonnez le bord de chaque feuille d'œuf battu. Garnissez de farce, repliez en triangle et pressez les bords pour sceller le tout. Faites frire dans de l'huile bien chaude ; les wontons doivent être dorés.

Crabe Rangoon
Au lieu de suivre la recette de base, préparez du crabe Rangoon avec des feuilles de pâte à wontons. À l'aide d'un robot, mixez 225 g (8 oz) de fromage frais, 225 g (8 oz) de chair de crabe cuite émiettée, ½ c. à t. de sauce Worcestershire, ½ c. à t. de sauce soya, 2 oignons nouveaux et 1 gousse d'ail émincés, le tout agrémenté de poivre blanc moulu. Badigeonnez le bord des feuilles d'œuf battu, garnissez chacune d'un peu de farce et repliez en triangle. Pressez les bords pour sceller le tout. Faites frire les raviolis dans de l'huile bien chaude ; ils doivent être dorés.

Raviolis de saumon à la chinoise
Suivez la recette de base, en remplaçant les crevettes par du saumon cru.

Variantes

Saumon poché

Recette de base p. 58

Flétan poché
Suivez la recette de base, en remplaçant le saumon par du flétan.

Saumon poché à l'aïoli
Suivez la recette de base. Disposez le saumon sur un plat de service, entouré d'olives noires dénoyautées, de cœurs d'artichauts, de carottes nouvelles, de haricots verts extrafins cuits à la vapeur et de tomates cerises. Servez accompagné d'aïoli (p. 262).

Morue à l'aïoli traditionnelle
Suivez la recette de base, en remplaçant le saumon par de la morue. Trois jours avant de cuisiner le poisson, mettez-le à tremper dans de l'eau froide. Couvrez et réservez au frais. Chaque jour, remplacez l'eau de trempage par de l'eau fraîche, couvrez et réfrigérez. Lorsque la morue dessalée est ferme, mais bien réhydratée, procédez selon les instructions de la recette de base. Servez le poisson comme expliqué dans la variante ci-dessus.

Saumon poché froid, vinaigrette à la tomate et aux herbes
Suivez la recette de base. Disposez le saumon poché sur un plat de service et réservez-le au frais. Accompagnez-le de vinaigrette à la tomate et aux herbes (p. 258).

Variantes

Homard braisé au beurre

Recette de base p. 60

Crevettes braisées au beurre
Suivez la recette de base, en remplaçant le homard par des crevettes crues, que vous ferez braiser 3 à 4 min, jusqu'à ce qu'elles deviennent d'un rose opaque.

Homard braisé au beurre, sauce à l'orange sanguine
Suivez la recette de base, en supprimant le vermouth et la crème. Quand les homards sont prêts, répartissez-les dans des assiettes. Faites chauffer la casserole à feu vif ; le beurre doit brunir. Retirez du feu et incorporez 2 c. à s. de jus d'orange sanguine. Nappez les queues de homard de cette sauce et servez sans attendre.

Filets de poisson braisés au beurre, sauce anisée
Suivez la recette ci-dessus, en remplaçant le homard par des filets de poisson (saumon, thon, barbue) et le jus d'orange sanguine par un apéritif à l'anis. Limitez la cuisson du poisson à 5 min.

Pavés de poisson braisés au beurre
Suivez la recette de base, en remplaçant le homard par des pavés de poisson (saumon, thon, mérou), que vous ferez pocher 6 à 8 min ; ils doivent être opaques et résister à la pression du doigt.

Variantes

Paella simplifiée

Recette de base p. 61

Paella à la carthaginoise

Suivez la recette de base, en y ajoutant 8 cuisses de poulet. Faites-les rissoler dans l'huile d'olive avant d'y faire revenir les légumes, puis réservez à part. Remettez le poulet dans la poêle juste après y avoir ajouté le riz. Suivez ensuite la recette de base.

Paella à la portoricaine

Suivez la recette de base, en y ajoutant 8 cuisses de poulet rissolées et, en même temps que le safran, 1 c. à s. de sazon rouge ou vert. Suivez ensuite la recette de base. En fin de cuisson, ajoutez avec les petits pois un hachis d'olives farcies au poivron. Remplacez le persil par de la coriandre ciselée.

Paella aux crevettes à la péruvienne

Suivez la recette de base, en n'utilisant que des crevettes. Avant de servir, mélangez au riz des amandes effilées grillées, en égrenant à la fourchette.

Paella Sonora

Suivez la recette de base, en y ajoutant 2 chorizos coupés en rondelles. Faites rissoler le chorizo dans l'huile d'olive avant d'y faire revenir les légumes, puis réservez à part. Remettez les rondelles de chorizo dans la poêle juste après y avoir ajouté le riz. Suivez ensuite la recette de base.

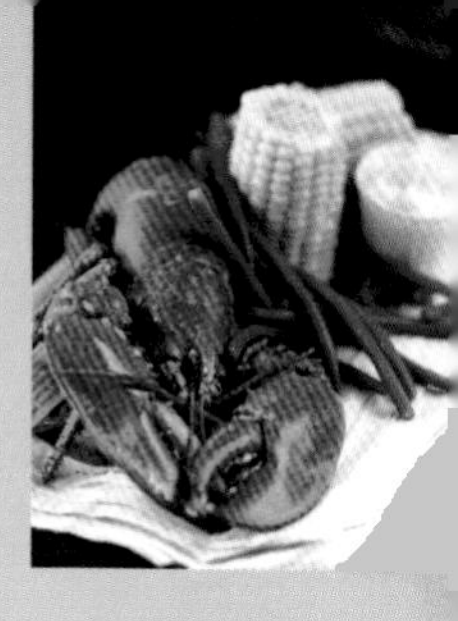

Variantes

Homard comme à la plage

Recette de base p. 62

Paloudes aux pommes de terre

Faites cuire 450 g (1 lb) de petites pommes de terre nouvelles à l'eau bouillante salée. Ajoutez-y 2 kg (4 ½ lb) de clams et les grains de 4 épis de maïs. Couvrez jusqu'à ouverture de tous les coquillages. Servez accompagné de beurre fondu.

Ragoût de crevettes

Suivez la recette de base, en remplaçant les homards par des crevettes débarrassées de leur tête, et en ajoutant à l'eau 33 cl de bière et 1 c. à s. de quatre-épices. Faites cuire les haricots. Lorsqu'ils sont presque tendres, ajoutez les crevettes et le maïs. Couvrez et laissez cuire jusqu'à ce que les crevettes deviennent opaques.

Succotash

Suivez la recette de base, en remplaçant les homards par des crevettes débarrassées de leur tête, et en ajoutant à l'eau 66 cl de bière. Faites cuire les haricots. Lorsqu'ils sont presque tendres, ajoutez les crevettes, le maïs et 450 g (1 lb) de saucisse fumée en tranches. Couvrez et laissez cuire jusqu'à ce que les crevettes deviennent opaques.

Crabe à la nage

Suivez la recette de base, en remplaçant les homards par des crabes vivants et en ajoutant à l'eau 1 c. à s. de quatre-épices. Pour servir, remplacez le beurre fondu par de la mayonnaise au soya et au sésame (p. 275).

Mijotés

Qu'il s'agisse de la célèbre bouillabaisse provençale, de la non moins réputée *clam chowder* (chaudrée de palourdes) de la Nouvelle-Angleterre ou encore des soupes exotiques d'Asie du Sud-Est, dominées par le lait de coco et le curry, les préparations à base de poissons et de crustacés longuement mijotées – soupes ou ragoûts – font des plats uniques appréciés de tous.

Bouillabaisse et sa rouille

Pour 6 à 8 personnes

La bouillabaisse, spécialité marseillaise, se décline en plusieurs versions. Toutes ont pourtant en commun d'inclure des poissons et des crustacés extrafrais, du safran, du zeste d'orange, du fenouil et de l'ail.

5 cl (1/4 tasse) d'huile d'olive
6 gousses d'ail, émincées
225 g (1 1/3 tasse) d'oignons, émincés
100 g (3 1/2 oz) de bulbe de fenouil, émincé
450 g (2 tasses) de tomates en conserve, avec leur jus
1/2 c. à t. de brins de safran
1 c. à t. de zeste d'orange, râpé ou séché
1 c. à t. de thym séché
450 g (1lb) de poissons à arêtes (rascasse, rouget, dorade), sans la tête, coupés en morceaux de 7 cm (3 po) de long, rincés et essuyés
450 g (1 lb) de poissons charnus (saint-pierre, lotte, cabillaud, flétan), sans la tête, nettoyés, coupés en morceaux de 7 cm (3 po) de long, rincés et essuyés
450 g (1 lb) de crustacés (crevettes non décortiquées, palourdes, pétoncles, langoustines)

Rouille minute (p. 275)
Tranches de baguette, grillées et beurrées

Dans une grande casserole, faites chauffer l'huile d'olive à feu moyen et mettez-y l'ail, les oignons et le fenouil à revenir 5 min ; l'oignon doit devenir translucide. Ajoutez-y les tomates, le safran, le zeste d'orange, le thym et tous les poissons, puis couvrez d'eau. Dès le premier bouillon, couvrez et laissez mijoter 10 min environ. Ajoutez les crustacés. Au retour du bouillon, couvrez et laissez mijoter 10 min de plus. Au moment de servir, répartissez la bouillabaisse dans de grandes assiettes creuses individuelles. Accompagnez de pain grillé et de rouille.

Voir variantes p. 90

Chaudrée de palourdes

Pour 4 personnes

La *clam chowder*, spécialité de la Nouvelle-Angleterre, comprend du bacon ou du porc salé, le tout rehaussé d'une touche de crème.

1 tranche de bacon fumé, hachée
½ c. à t. de beurre
225 g (1 ⅓ tasse) d'oignons, finement émincés
1 gousse d'ail, finement émincée
½ c. à t. de chacune des herbes suivantes, séchées : persil, aneth, basilic, estragon et romarin
1 bocal de palourdes (190 g), avec leur jus
1 c. à s. de farine blanche tout usage
35 cl (1 ⅓ tasse) de crème 15%
¼ de c. à t. de poivre blanc, fraîchement moulu
2 pommes de terre moyennes, bouillies, pelées et coupées en dés

Dans une grande casserole, faites revenir le bacon, le beurre, les oignons, l'ail et les herbes séchées à feu doux, en évitant de faire brunir les ingrédients. Égouttez bien les palourdes, puis réservez-les, ainsi que leur jus. Incorporez la farine et le jus des palourdes au contenu de la casserole. Portez le tout à ébullition, puis réduisez le feu. Agrémentez la préparation de crème et laissez mijoter 20 min environ. Incorporez ensuite le poivre blanc, les pommes de terre et les palourdes. Laissez chauffer jusqu'à la température idéale pour le service, en évitant l'ébullition, ce qui aurait pour effet de durcir les palourdes. Servez sans attendre.

Voir variantes p. 91

Bisque de homard

Pour 4 personnes

Longtemps synonyme de raffinement, la bisque de homard requiert certes une longue préparation, mais le résultat est à la hauteur des efforts consentis.

2 homards (450 g,1 lb chacun), cuits à la vapeur (p. 62)
100 g (1 tasse) d'oignons, coupés en dés
50 g (1/2 tasse) de céleri, coupé en dés
50 g (1/2 tasse) de carotte, coupée en dés
2 feuilles de laurier
4 c. à s. de beurre
3 c. à s. de farine blanche
50 cl (2 tasses) de crème 35 %
10 cl (3/8 tasse) de xérès sec
5 cl (1/4 tasse) de cognac
Sel fin et poivre blanc, fraîchement moulu

Préchauffez le four à 400 °F (200 °C). Décortiquez les homards, coupez-en la chair en petits morceaux et réservez. Disposez les carapaces dans un plat allant au four avec les oignons, le céleri, la carotte, le laurier et le beurre. Enfournez pour 45 min, en prenant soin de remuer de temps en temps ; les carapaces et les légumes doivent avoir bruni. Sortez le plat du four et versez le beurre fondu dans une casserole à fond épais. Transvasez les autres ingrédients restant dans le plat dans une grande casserole. Mouillez avec 2,5 l (10 tasses) d'eau, portez à ébullition et laissez mijoter 20 min environ ; le liquide doit avoir réduit de moitié. Filtrez la préparation ; réservez le liquide et jetez les résidus solides.
Faites chauffer le beurre réservé en casserole à feu moyen. Ajoutez-y la farine en fouettant et laissez cuire le roux ainsi obtenu 2 min environ, sans cesser de remuer ; il doit dégager des arômes de noisette. Incorporez, toujours en fouettant, le fond de homard, puis ajoutez la crème, le xérès et le cognac. Laissez mijoter 30 min environ. Salez et poivrez à votre goût. Filtrez la bisque, puis ajoutez-y la chair de homard. Servez bien chaud.

Voir variantes p. 92

Soupe thaïe aux crevettes et à la citronnelle

Pour 4 personnes

Cette soupe délicieuse, appelée *tom yum goong*, tient son nom à la fois de la citronnelle et des feuilles de kaffir. Ces deux ingrédients, ainsi que le galanga et la pâte de tamarin, se trouvent dans les bonnes épiceries ou dans les magasins exotiques, et peuvent être congelés en vue d'une utilisation ultérieure.

1,5 l (6 tasses) d'eau
2 tiges (20 cm, 8 po) de citronnelle, débarrassées de leurs extrémités, écrasées avec le plat d'un couteau et coupées en tronçons de 2,5 cm (1 po)
3 tranches de galanga frais, écrasées avec le plat d'un couteau
3 ou 4 feuilles de kaffir, fraîches ou surgelées
1 c. à s. de pâte de tamarin
1 c. à s. de sauce de poisson (nam pla)
12 petits piments thaïs ou 2 piments jalapeños, équeutés, épépinés et finement émincés légèrement en biais
2 oignons nouveaux, finement émincés en biais
2 c. à s. de pâte de piment (nam prik pao) ou de tom yum
325 g (12 oz) de crevettes crues, décortiquées, rincées et essuyées
Le jus de 1 citron vert
Quelques brins de coriandre fraîche

Dans une grande casserole, portez l'eau à ébullition. Ajoutez-y la citronnelle, le galanga, les feuilles de kaffir et la pâte de tamarin. Au premier bouillon, ajoutez la sauce de poisson, les piments frais, les oignons, la pâte de piment et les crevettes. Couvrez et laissez mijoter 5 min environ ; les crevettes doivent devenir d'un rose opaque. Sortez la casserole du feu. Ajoutez à la préparation le jus de citron vert. Servez sans attendre, parsemé de coriandre.

Voir variantes p. 93

Soupe chinoise aux fruits de mer

Pour 4 personnes

Baguettes ou cuillère ? Vous aurez besoin des deux pour déguster cette soupe aussi copieuse que parfumée.

1 c. à t. d'huile de colza
4 gousses d'ail, finement émincées
340 g (4 tasses) de chou chinois, finement émincé
1 petit piment rouge thaï, épépiné et finement émincé en biais
1,5 l (6 tasses) de fond de volaille
3 c. à s. de sauce soya
2 c. à s. de vin de riz de Shaoxing
225 g (4 tasses) de nouilles chinoises au blé ou de linguini
175 g (6 oz) de petites crevettes crues, décortiquées, rincées et essuyées
275 g (10 oz) de pétoncles
4 oignons nouveaux, finement émincés

Dans une grande casserole, faites chauffer l'huile à feu moyen et mettez-y l'ail, le chou et le piment à revenir 2 min environ ; le chou doit être flétri. Mouillez le tout avec le fond de volaille, la sauce soya et le vin de riz. Portez à ébullition et ajoutez les nouilles. Laissez-les cuire 2 min environ ; elles doivent être tendres. Ajoutez ensuite les crevettes et les pétoncles, couvrez et poursuivez la cuisson 2 à 3 min ; les crevettes doivent devenir d'un rose opaque et les pétoncles d'un blanc opaque. Parsemez d'oignons nouveaux émincés et servez sans attendre.

Voir variantes p. 94

Curry de poisson du Kerala

Pour 8 personnes

La cuisine du Kerala, située sur la côte de Malabar, dans le sud-ouest de l'Inde, conjugue des ingrédients subtropicaux et des épices importées il y a plusieurs siècles de cela par les commerçants arabes. Localement appelé *aviyal*, ce curry de poisson facile à réaliser se marie particulièrement bien avec le riz à la noix de coco (p. 270).

½ c. à t. de concentré de tamarin, délayé dans 2 c. à s. d'eau chaude
175 g (2 tasses) de copeaux de noix de coco déshydratée (non sucrée)
1 gros oignon, finement émincé
1 c. à t. de cumin en poudre
¼ de c. à t. de graines de coriandre moulues
¼ de c. à t. de piment en poudre
¼ de c. à t. de curcuma en poudre
1½ c. à t. de sel fin
175 cl (7 tasses) d'eau
10 cl (½ tasse) de lait de coco en conserve
1 piment thaï vert, épépiné et coupé en deux dans la longueur
450 g (1 lb) de filets de flétan, de sole ou de vivaneau, rincés et essuyés, coupés en carrés de 5 cm (2 po) de côté
10 feuilles de curry ou 4 feuilles de laurier
1 c. à s. d'huile végétale

Dans un robot électrique, mixez le concentré de tamarin délayé, la noix de coco, l'oignon, le cumin, la coriandre, le piment, le curcuma, le sel, l'eau et le lait de coco jusqu'à obtention d'un ensemble lisse. Transvasez ce mélange dans une grande poêle profonde et munie d'un couvercle. Déposez le piment coupé en deux au centre de la poêle. Faites chauffer et portez à frémissements. Disposez les filets de poisson dans la poêle, en prenant soin d'éviter qu'ils ne se chevauchent. Couvrez et laissez mijoter 10 min ; le poisson doit être opaque. Ajoutez les feuilles de curry (ou de laurier) et l'huile à la préparation. Poursuivez la cuisson 1 min. Servez sans attendre.

Voir variantes p. 95

Ragoût d'huîtres

Pour 6 à 8 personnes

Ce délicieux ragoût d'huîtres était autrefois servi à l'occasion de certaines célébrations, et notamment pour le réveillon de Noël, où l'on faisait maigre. Pour garder aux huîtres leur parfum et leur texture, ne les faites cuire que quelques minutes : de cette façon, elles ne durciront pas.

2 c. à s. de beurre
225 g (1 1/3 tasse) de poireaux, finement émincés
225 g (1 1/3 tasse) d'oignons, finement émincés
5 douzaines d'huîtres ouvertes (réservez leur eau)
1 l (4 tasses) de fond de volaille
1 feuille de laurier
1/2 c. à t. d'herbes d'été séchées
450 g (1 lb) de pommes de terre, pelées et coupées en dés
90 cl (3 3/4 tasses) de crème 35 %
Ciboulette fraîche, finement ciselée

Dans une grande poêle, faites chauffer le beurre et mettez-y les poireaux et les oignons à revenir 4 min environ ; ils doivent être translucides. Mouillez-les avec l'eau des huîtres et le fond de volaille, puis ajoutez-y le laurier, les herbes séchées et les pommes de terre. Portez le tout à ébullition et laissez cuire 15 min environ ; les pommes de terre doivent être tendres.
Réduisez la soupe en purée (procédez en plusieurs fois), puis remettez le tout en casserole. Agrémentez la préparation de crème et portez de nouveau à ébullition, puis réduisez le feu. Ajoutez les huîtres (débarrassées de leur coquille) et faites mijoter 4 min environ à couvert ; les huîtres doivent être tout juste fermes. Parsemez le ragoût de ciboulette ciselée et servez sans attendre.

Voir variantes p. 96

Vivaneau à la mode de Veracruz

Pour 4 personnes

Ce grand classique de la cuisine mexicaine, spécialité de la région du golfe du Mexique, se distingue par la manière dont il marie des ingrédients frais et des ingrédients confits. Il offre l'avantage d'être prêt en quelques petites minutes et s'accompagne parfaitement d'une bonne bière mexicaine bien fraîche.

2 c. à s. d'huile de colza
1 gros oignon, finement émincé
4 gousses d'ail, finement émincées
2 c. à s. de piments jalapeños confits, émincés
3 tomates allongées, épépinées et concassées
25 cl (1 tasse) d'eau
100 g (1/2 tasse) d'olives vertes farcies au poivron, hachées
1 c. à s. d'origan frais ou 1 c. à t. d'origan séché
4 filets (175 g, 7 oz chacun) de vivaneau (à défaut, de flétan), rincés et essuyés
Gros sel et poivre noir, fraîchement moulu
Quartiers de citron

Dans une grande poêle, faites chauffer l'huile à feu moyen et mettez-y l'oignon à dorer 4 à 6 min environ. Ajoutez-y l'ail et les piments jalapeños, et poursuivez la cuisson 1 min environ. Agrémentez la préparation des tomates. Mouillez avec l'eau et, tout en remuant de temps à autre, laissez mijoter 6 à 8 min. Incorporez les olives et l'origan.
Disposez les filets de poisson par-dessus les légumes. Couvrez la poêle et laissez mijoter 7 min ; le poisson doit devenir opaque. Assaisonnez le plat à votre convenance. Servez sans attendre, avec des quartiers de citron.

Voir variantes p. 97

Zarzuela de fruits de mer

Pour 4 personnes

En Espagne, le terme *zarzuela* renvoie à une opérette en trois actes, alternant des parties chantées et des récitatifs. Ce genre musical a donné son nom à un plat délicieux que l'on réalise en trois temps, et qui mêle des poissons et des crustacés issus aussi bien du golfe de Gascogne (Atlantique) que de la Méditerranée.

10 cl (3/8 tasse) d'huile végétale
225 g (1 1/3 tasse) d'oignons, finement émincés
50 g (3/4 tasse) de persil plat, finement ciselé
225 g (1 tasse) de riz rond ou long grain
1 boîte (450 g, 2 tasses) de tomates en conserve, avec leur jus
25 cl (1 tasse) de jus de palourdes en conserve
25 cl (1 tasse) d'eau
25 g (3/4 tasse) de feuilles de coriandre fraîche, ciselées
450 g (1 lb) de filets de flétan, de lotte ou de mérou, rincés, essuyés et coupés en carrés de 2,5 cm (1 po) de côté
225 g (8 oz) de petits pétoncles
225 g (8 oz) de grosses crevettes crues, décortiquées, rincées et essuyées
Avocat frais et quartiers de citron vert

Dans une grande poêle, faites chauffer l'huile à feu moyen et mettez-y les oignons à revenir 5 min, en remuant régulièrement. Lorsque les oignons sont translucides, ajoutez-y le persil et le riz et, toujours en remuant souvent, laissez blondir le riz. Ajoutez ensuite les tomates et leur jus, puis mouillez avec le jus de palourdes et l'eau. Portez le tout à ébullition, puis réduisez le feu et laissez mijoter 15 min environ à couvert. Agrémentez de coriandre, puis ajoutez à la préparation les filets de poisson, les pétoncles ainsi que les crevettes. Laissez mijoter 10 min à couvert ; le poisson et les crustacés doivent être opaques.
Versez la zarzuela dans des bols. Servez sans attendre, accompagné d'avocat et de quartiers de citron vert.

Voir variantes p. 98

Laksa de Singapour

Pour 6 personnes

Le laksa est le fruit du mélange des cuisines chinoise et malaise. Cette soupe épicée aux nouilles est vendue à tous les coins de rue en Indonésie et en Chine. Le mot *laksa*, qui signifie « dix mille », est un clin d'œil à la diversité des condiments requis.

Pour la pâte d'épices

2 c. à s. d'huile végétale
½ c. à t. de curcuma en poudre
2,5 cm (1 po) de gingembre frais, râpé
1 tige de citronnelle, débarrassée de ses extrémités, écrasée du plat du couteau et coupée en tronçons de 2,5 cm (1 po)
3 gousses d'ail, émincées
2 petits piments thaïs, épépinés et émincés

2 c. à s. d'huile végétale
12 grosses crevettes crues, décortiquées et nettoyées (têtes et carapaces réservées)
90 cl (3 ¾ tasses) d'eau
10 cl (⅜ tasse) de vin blanc sec
225 g (1 ⅓ tasse) d'oignons, finement émincés
2 feuilles de kaffir, fraîches ou surgelées
45 cl (1 ⅞ tasse) de fond de volaille ou de poisson
1 c. à s. de sauce soya
325 g (12 oz) de nouilles ou de vermicelles de riz, cuits selon les instructions du fabricant
24 moules fraîches, brossées et ébarbées
Feuilles de coriandre fraîche, finement ciselées
Oignons nouveaux, finement émincés

Au robot électrique ou au pilon, réduisez en purée lisse les ingrédients de la pâte d'épices. Dans une grande poêle, faites chauffer 2 c. à s. d'huile et mettez-y les parures de crevettes à revenir. Dès qu'elles sont roses, mouillez avec l'eau et le vin, et portez le tout à ébullition. Laissez mijoter 8 min ; le liquide doit réduire de moitié. Filtrez le bouillon ; jetez les résidus solides. Rajoutez 2 c. à s. d'huile dans la poêle et mettez-y les oignons à revenir 4 min ; ils

doivent être translucides. Ajoutez la pâte d'épices et mélangez, jusqu'à obtenir un ensemble homogène. Mouillez avec le bouillon de crevettes, ajoutez le kaffir, le fond de volaille ou de poisson, et la sauce soya. Portez à ébullition. Ajoutez les nouilles cuites et les moules, et laissez mijoter 1 min à couvert. Ajoutez enfin les crevettes et poursuivez la cuisson 2 à 3 min à feu doux et à couvert. Répartissez dans des bols. Agrémentez de coriandre et d'oignons nouveaux.

Variantes

Bouillabaisse et sa rouille

Recette de base p. 75

Soupe de poisson à la marseillaise

Suivez la recette de base. En entrée, servez le bouillon, accompagné de pain grillé et de rouille. Comme plat principal, servez les poissons et les crustacés, accompagnés d'aïoli (p. 262).

Soupe de poisson à l'antiboise

Suivez la recette de base, en ajoutant aux légumes 225 g (1 tasse) de fenouil finement émincé et 450 g (1 lb) de petites pommes de terre nouvelles.

Soupe de poisson à la parisienne

Suivez la recette de base, en supprimant les crustacés et en rajoutant 450 g (1 lb) de poissons de votre choix et 1 feuille de laurier. Lorsque les poissons et les légumes sont cuits, passez la soupe au presse-purée. Jetez les résidus solides et remettez la purée en casserole. Portez à ébullition, puis passez au chinois. Servez la soupe accompagnée de pain grillé et de rouille.

Soupe de poisson style Nouvelle-Orléans

Suivez la recette de base, en ajoutant aux oignons et à l'ail 225 g (1 tasse) de céleri finement émincé. En guise de poisson, utilisez des rougets ou du vivaneau ; en guise de crustacés, préférez les crevettes. Ajoutez à l'eau de cuisson 25 cl (1 tasse) de vin blanc sec, ainsi que 2 c. à t. de poudre de filé ou 1 feuille de laurier.

Variantes

Chaudrée de palourdes

Recette de base p. 76

Chaudrée de palourdes façon Manhattan
Suivez la recette de base, en supprimant la farine et la crème. Ajoutez au jus des palourdes 1 boîte (400 g, 14 oz) de tomates en conserve avec leur jus. Suivez ensuite la recette de base.

Chaudrée de moules
Suivez la recette de base, en supprimant les palourdes et leur jus, et en utilisant 1 tranche supplémentaire de bacon haché. Pendant que les légumes mijotent dans le bouillon crémé, faites ouvrir 900 g (2 lb) de moules dans 45 cl (1 7/8 tasse) de vin blanc sec. Décortiquez les moules. Filtrez leur liquide de cuisson, puis remettez celui-ci en casserole. Suivez ensuite la recette de base.

Chaudrée de calmars
Suivez la recette de base, en remplaçant les palourdes par 450 g (1 lb) de calmars frais (le corps uniquement), en rondelles. Supprimez le jus des palourdes et ajoutez au liquide de cuisson 45 cl (1 7/8 tasse) de vin blanc sec. Suivez ensuite la recette de base. La soupe est prête quand les calmars deviennent opaques.

Chaudrée de palourdes et de maïs
Suivez la recette de base, en ajoutant aux pommes de terre 225 g (1 tasse) de grains de maïs. Parsemez la préparation de persil finement ciselé.

Variantes

Bisque de homard

Recette de base p. 79

Bisque de homard minute
Faites dégeler 225 à 450 g (½ à 1 lb) de homard cuit surgelé que vous coupez en petits morceaux. Mélangez avec le xérès et le cognac. Réservez. Dans une casserole, faites chauffer 90 cl (3 ¾ tasses) de bisque du commerce (en conserve ou surgelée), puis ajoutez-y le homard mariné et servez bien chaud.

Bisque de homard simplifiée
Faites dégeler 225 à 450 g (½ à 1 lb) de homard cuit surgelé que vous coupez en petits morceaux. Mélangez avec le xérès et le cognac. Réservez. Dans une casserole, faites chauffer 90 cl (3 ¾ tasses) de beurre blanc du commerce, puis ajoutez-y le homard mariné. Réduisez en purée si vous le désirez et servez bien chaud.

Bisque de crabe et de crevettes
Suivez la variante ci-dessus, en remplaçant le homard par 450 g (1 lb) de crevettes cuites et 225 g (½ lb) de chair de crabe cuit.

Bisque froide de homard
Suivez la recette de base. Laissez refroidir la bisque, couvrez et réservez au frais. Pour servir, répartissez dans des bols. Garnissez chaque portion d'une tombée de crème 35 % et parsemez d'estragon frais ciselé.

Variantes

Soupe thaïe aux crevettes et à la citronnelle

Recette de base p 80

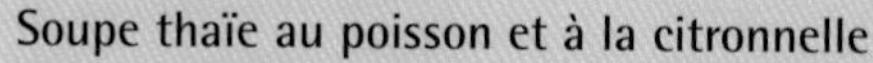

Soupe thaïe au poisson et à la citronnelle

Suivez la recette de base, en remplaçant les crevettes par 325 g (12 oz) de poisson en filets, coupé en carrés de 5 cm (2 po) de côté.

Soupe thaïe simplifiée aux crevettes et à la citronnelle

Portez à ébullition 1,5 l (6 tasses) d'eau. Ajoutez-y 2 c. à s. de pâte de curry vert, 2 c. à s. de sauce de poisson, 2 oignons nouveaux émincés en biais, 12 petits piments thaïs ou jalapeños épépinés et émincés en biais, et 325 g (12 oz) de crevettes, décortiquées et nettoyées. Portez à ébullition, puis réduisez le feu et laissez mijoter. Dès que les crevettes prennent une teinte rose opaque, ajoutez à la préparation le jus de 1 citron vert. Parsemez de coriandre et servez sans attendre.

Soupe thaïe aux pétoncles et à la citronnelle

Suivez la recette de base, en remplaçant les crevettes par 325 g (12 oz) de pétoncles.

Soupe indonésienne pimentée aux crevettes

Suivez la recette de base, en remplaçant la pâte de piment par 50 g (1 c. à s.) de sambal oelek. Accompagnez la préparation de citron vert, de coriandre finement ciselée et d'arachides concassées.

Variantes

Soupe chinoise aux fruits de mer

Recette de base p. 82

Soupe chinoise au poisson
Suivez la recette de base, en remplaçant les crevettes et les pétoncles par 325 g (12 oz) de poisson en filets, découpé en carrés de 5 cm (2 po) de côté. Laissez mijoter le poisson 2 à 3 min ; il doit être opaque et ferme.

Soupe japonaise au poisson
Suivez la recette de base, en remplaçant le fond de volaille et la sauce soya par 70 cl (2 3/4 tasses) de dashi et 3 c. à s. de miso.

Soupe asiatique minute au poisson
Suivez la recette de base, en remplaçant le fond de volaille, la sauce soya et le vin de riz de Shaoxing par 90 cl (3 3/4 tasses) de bouillon de crevettes asiatique reconstitué.

Soupe aux fruits de mer à l'australienne
Suivez la recette de base, en remplaçant les crevettes par des crevettes géantes et les pétoncles par des moules d'Espagne.

Curry de poisson du Kerala

Recette de base p. 83

Curry de crevettes du Kerala

Suivez la recette de base, en remplaçant le poisson par 900 g (2 lb) de grosses crevettes crues, décortiquées et nettoyées.

Vindaloo de crevettes

Faites mijoter 900 g (2 lb) de grosses crevettes crues, décortiquées et nettoyées, dans 70 cl (2 ¾ tasses) de sauce vindaloo du commerce ; elles doivent devenir d'un rose opaque. Accompagnez de riz ou de naans.

Molee de poisson

Faites chauffer 1 c. à s. d'huile végétale dans une sauteuse munie d'un couvercle et mettez-y 450 g (2 tasses) d'oignons émincés à dorer. Ajoutez-y 2 gousses d'ail émincées, 1 c. à t. de gingembre frais râpé, 1 c. à s. de graines de coriandre moulues, ½ c. à t. de cumin en poudre, ½ c. à t. de curcuma en poudre et 1 pointe de couteau de piment rouge en poudre. Mouillez avec 5 cl (¼ tasse) d'eau, 25 cl (1 tasse) de lait de coco et 1 c. à s. de vinaigre de vin blanc. Portez le tout à ébullition, puis laissez mijoter. Ajoutez 450 g (1 lb) de poisson en filets, coupés en dés de 5 cm (2 po) de côté, puis laissez mijoter. Le plat est prêt quand le poisson prend une teinte opaque.

Curry de saumon du Kerala

Suivez la recette de base, en remplaçant le poisson blanc par du saumon.

Variantes

Ragoût d'huîtres

Recette de base p. 84

Ragoût d'huîtres et de saucisse
Suivez la recette de base, en ajoutant aux poireaux et aux oignons 225 g (8 oz) de saucisse de porc fraîche ou de chorizo.

Ragoût de moules à la belge
Faites chauffer dans une poêle 4 c. à s. de beurre et mettez-y à revenir 100 g (1 tasse) d'oignons et de céleri émincés, et 100 g (1 tasse) de rondelles de carotte. Lorsque les légumes sont translucides, ajoutez-y 50 cl (2 tasses) de crème 15 %, mélangez et réservez. Faites ouvrir 900 g (2 lb) de moules dans 50 cl (2 tasses) de vin blanc sec. Réservez les moules et leur jus de cuisson, filtré. Mouillez les légumes avec ce dernier. Ajoutez-y les moules, salez et poivrez au goût, puis parsemez de persil ciselé. Servez sans attendre.

Ragoût d'huîtres à la vichyssoise
Suivez la recette de base, en ajoutant 900 g (2 lb) de dés de pommes de terre.

Ragoût d'huîtres minute
Préparez une soupe de pommes de terre du commerce. Remplacez le bouillon par un mélange composé à parts égales de vin blanc et de crème 15 %. Portez à ébullition, ajoutez-y 60 huîtres sans leur coquille et laissez mijoter à couvert quelques instants. Parsemez de ciboulette ciselée et servez aussitôt.

Variantes

Vivaneau à la mode de Veracruz

Recette de base p. 86

Vivaneau à la mode de Veracruz minute
Suivez la recette de base, en remplaçant les tomates et l'origan par 450 g (2 tasses) de sauce tomate du commerce.

Crevettes à la mode de Veracruz
Suivez la recette de base, en remplaçant le vivaneau par 325 g (12 oz) de crevettes crues, décortiquées et nettoyées. Laissez mijoter à couvert jusqu'à ce que les crevettes deviennent d'un rose opaque.

Vivaneau sur son lit de mangue
Suivez la recette de base, en remplaçant les tomates par 450 g (2 tasses) de mangue fraîche. Supprimez les olives et l'origan. Ajoutez à la mangue 1 c. à s. de jus de citron frais, 1 piment rouge à l'huile émincé et 1 c. à t. de jus de citron vert. Disposez les filets de poisson par-dessus la mangue. Suivez ensuite la recette de base.

Vivaneau à la créole
Suivez la recette de base, en remplaçant les piments jalapeños confits par des câpres soigneusement égouttées et l'origan par 2 c. à t. de mélange d'épices créoles.

Variantes

Zarzuela de fruits de mer

Recette de base p. 87

Zarzuela au safran
Suivez la recette de base, en ajoutant à l'eau de cuisson 1 c. à t. de brins de safran, et en remplaçant le poisson par des palourdes ou des moules fraîches. (Jetez les coquillages ouverts avant la cuisson et ceux qui restent fermés après la cuisson.)

Zarzuela à la courge et au safran
Suivez la recette de base, en ajoutant à l'eau de cuisson 1 c. à t. de brins de safran et aux fruits de mer 225 g (1 tasse) de courgettes ou de courge d'été, coupées en dés.

Zarzuela aux piments rouges confits
Suivez la recette de base, en ajoutant à l'eau de cuisson 225 g (1 tasse) de piments rouges à l'huile, équeutés, épépinés et émincés, après avoir fait blondir le riz.

Zarzuela au piment chipotle fumé
Suivez la recette de base, en ajoutant aux fruits de mer 5 cl (1/4 tasse) de sauce au piment chipotle fumé du commerce.

Variantes

Laksa de Singapour

Recette de base p. 88

Laksa à la noix de coco
Suivez la recette de base, en remplaçant le fond de volaille par 400 g (14 oz) de lait de coco en conserve.

Laksa au curry de coques
Suivez la recette de base, en remplaçant les moules par des coques. Ajoutez à chaque portion une pointe de sambal oelek et parsemez le tout de feuilles de coriandre finement ciselées.

Laksa au homard
Suivez la recette de base, en remplaçant les crevettes et les moules par 900 g (2 lb) de homard. Commencez par faire cuire le homard à la vapeur, décortiquez-le, coupez-en la chair en petits dés et réservez. Concassez les carapaces et suivez la recette de base. Ajoutez les morceaux de homard dans la soupe juste avant de servir, bien chaud.

Laksa katong
Suivez la recette de base, en coupant les nouilles de riz en petits tronçons avant de les ajouter à la préparation.

Fritures

Le traditionnel *fish'n'chips* anglais, tout enrobé d'une pâte à beignets à la bière, la lotte de mer frite, spécialité du Mississippi adaptée à nos contrées, comme le *fritto misto* cher à nos voisins italiens attestent bien, si besoin en était, que les poissons et les fruits de mer sont délicieux en friture. Il vous suffira de les relever d'un trait de vinaigre de cidre ou de les accompagner de sauces type tandoori, barbecue ou Jézabel (p. 106) – entre autres.

Calmars frits minute

Pour 4 personnes

Les calmars frits sont aussi faciles que rapides à préparer, ce qui explique qu'ils figurent au menu des restaurants du monde entier. Ils sont absolument délicieux accompagnés de sauces ou de dips. Veillez à en proposer au moins deux ou trois sortes à vos invités.

Huile végétale, pour la friture
450 g (1 lb) de petits calmars, débarrassés de leur tête, corps coupé en anneaux, tentacules laissés entiers
100 g (1 tasse) de farine blanche tout usage
2 gros œufs, battus
100 g (1 tasse) de chapelure fine
Gros sel et poivre noir, fraîchement moulu
Sauces de votre choix

Faites chauffer à feu moyen une grande poêle profonde remplie d'huile végétale sur 1 cm (1/4 po) environ. Rincez les calmars sous l'eau froide et épongez-les soigneusement. Versez la farine dans une jatte ; les œufs battus dans une autre ; la chapelure dans une troisième. Passez les calmars d'abord dans la farine, puis dans l'œuf battu et enfin dans la chapelure. Quand l'huile est bien chaude (375 °F, 190 °C : vérifiez à l'aide d'un thermomètre de cuisine ou avec un petit dé de pain, qui doit grésiller sitôt plongé dans l'huile), trempez-y les calmars, en plusieurs fois. Lorsqu'ils sont uniformément dorés, sortez-les de la poêle à l'écumoire, puis déposez-les sur des assiettes garnies de papier absorbant. Salez et poivrez à votre goût. Servez sans attendre, accompagné de plusieurs sauces.

Voir variantes p. 116

Beignets de poisson blanc

Pour 4 personnes

Ces savoureux petits beignets, qui séduisent les jeunes de 7 à 77 ans, se dégustent aussi bien en entrée, accompagnés d'une sauce légère, qu'en plat principal, arrosés d'un trait de vinaigre de cidre. Ils sont également parfaits pour garnir un sandwich.

Huile végétale, pour la friture
100 g (1 tasse) de farine blanche tout usage
1 c. à s. de sauce tandoori, de sauce créole (p. 274) ou de sauce barbecue
25 cl (1 tasse) de bière
Les blancs de 2 gros œufs
450 g (1 lb) de poisson blanc en filets, rincés, essuyés et coupés en morceaux de 10 cm (4 po) de long
Gros sel et poivre noir, fraîchement moulu

Faites chauffer à feu moyen une grande poêle profonde remplie d'huile végétale sur 1 cm (1/4 po) environ. Dans un saladier, mélangez soigneusement au fouet la farine, la sauce de votre choix, la bière et les blancs d'œufs, jusqu'à obtention d'une pâte à beignets lisse.
Quand l'huile est suffisamment chaude (375 °F, 190 °C : vérifiez à l'aide d'un thermomètre de cuisine ou avec un petit dé de pain, qui doit grésiller sitôt plongé dans l'huile), trempez-y les morceaux de poisson enrobés de pâte (en plusieurs fournées). Retournez les beignets une fois en cours de cuisson.
Lorsqu'ils sont uniformément dorés, sortez les beignets de la poêle à l'aide d'une écumoire et déposez-les sur des assiettes garnies de papier absorbant. Salez et poivrez à votre goût. Servez sans attendre.

Voir variantes p. 117

Galettes de crabe

Pour 4 personnes

Pour bien réussir ces alléchantes galettes, confectionnez-les avec de la chair de crabe fraîche, non émiettée. Servez-les accompagnées de votre sauce préférée, sur un lit de salade, en guise d'entrée ou pour un déjeuner léger.

225 g (8 oz) de chair de crabe, non émiettée
75 g (3/4 tasse) de chapelure fraîche
50 g (1/2 tasse) d'oignons nouveaux, émincés
1 c. à s. de moutarde de Dijon
1/2 c. à t. d'estragon séché
1/4 de c. à t. de copeaux de piment rouge sec
1 gros œuf, battu
Huile végétale, pour la friture
Gros sel et poivre noir, fraîchement moulu

Dans une jatte, mélangez la chair de crabe, la chapelure, les oignons, la moutarde, l'estragon, les copeaux de piment sec et l'œuf jusqu'à obtention d'un mélange homogène. Façonnez l'appareil en 8 petites galettes de 1 cm (1/4 po) d'épaisseur. Réservez 30 min au réfrigérateur, pour permettre aux galettes de se raffermir.
Faites chauffer à feu moyen une grande poêle profonde remplie d'huile végétale sur 1 cm (1/4 po) environ. Quand l'huile est bien chaude (375 °F, 190 °C : vérifiez à l'aide d'un thermomètre de cuisine ou avec un petit dé de pain, qui doit grésiller sitôt plongé dans l'huile), trempez-y les petites galettes de crabe. Retournez-les une fois en cours de cuisson.
Lorsqu'elles sont uniformément dorées, sortez les galettes de la poêle à l'aide d'une écumoire et déposez-les sur des assiettes garnies de papier absorbant. Salez et poivrez à votre goût. Servez sans attendre.

Voir variantes p. 118

Crevettes coco, sauce Jézabel

Pour 12 personnes

Il suffit d'agrémenter votre pâte à beignets d'un peu de noix de coco déshydratée pour obtenir une entrée croustillante et exotique, littéralement engloutie par vos invités.

Pour la sauce Jézabel
275 g (3/4 tasse) de marmelade d'oranges
5 c. à s. de moutarde brune
5 c. à s. de raifort du commerce

1 c. à s. de piment rouge en poudre
1 c. à t. de sel fin
1 1/2 c. à t. de paprika
1 1/2 c. à t. de poivre noir, fraîchement moulu
1 1/2 c. à t. d'ail semoule
3/4 de c. à s. d'oignon semoule
3/4 de c. à t. de thym séché
3/4 de c. à t. d'origan séché
200 g (2 tasses) de farine tout usage
1 c. à s. de levure chimique
2 gros œufs, battus
20 cl (7/8 tasse) de bière
325 g (12 oz) de noix de coco en poudre
Huile végétale, pour la friture
48 grosses crevettes crues, décortiquées

Dans un bol, mélangez tous les ingrédients de la sauce Jézabel et réservez. Dans un saladier, mélangez les condiments, la farine et la levure, puis transvasez la moitié de ce mélange dans un autre saladier. Ajoutez au contenu du premier les œufs et la bière, et mélangez jusqu'à obtenir une pâte à beignets homogène. Dans un dernier saladier, versez la noix de coco. Faites chauffer à feu moyen une grande poêle profonde remplie d'huile végétale sur 5 cm (2 po). Quand l'huile est bien chaude (375 °F, 190 °C : vérifiez à l'aide d'un thermomètre de cuisine ou avec un petit dé de pain, qui doit grésiller sitôt plongé dans l'huile), trempez-y les crevettes, préalablement passées dans la farine, la pâte à beignets et la noix de coco. Lorsqu'elles sont bien dorées, sortez les crevettes de la poêle à l'aide d'une écumoire, puis déposez-les sur des assiettes garnies de papier absorbant. Servez avec la sauce Jézabel.

Voir variantes p. 119

Fish'n'chips

Pour 4 personnes

Ce grand classique de la cuisine des îles Britanniques remonte à l'époque victorienne. Pour le préparer, utilisez du poisson blanc à chair délicate, comme le mérou, le carrelet, le cabillaud, le grenadier ou l'églefin.

Pour la pâte à beignets
100 g (1 tasse) de farine blanche
1 c. à t. de sel fin
1 c. à t. de paprika
1 c. à t. de graines de fenouil moulues
1 c. à t. de poivre blanc, fraîchement moulu
50 cl (2 tasses) de bière

Huile végétale, pour la friture
100 g (1 tasse) de farine blanche
900 g (2 lb) de poisson blanc en filets, rincés et essuyés
Gros sel
4 grosses pommes de terre à rôtir, pelées et coupées en 8 morceaux chacune
Vinaigre de cidre, mayonnaise à l'aneth (p. 275)

Faites chauffer à feu moyen une grande poêle profonde remplie d'huile végétale sur 5 cm (2 po) environ. Dans un saladier, fouettez tous les ingrédients de la pâte à beignets, jusqu'à obtenir un ensemble homogène, qui nappe une cuillère. Versez la farine dans une assiette. Passez les morceaux de poisson dans la farine, puis dans la pâte à beignets.
Quand l'huile est bien chaude (375 °F, 190 °C : vérifiez à l'aide d'un thermomètre de cuisine ou avec un petit dé de pain, qui doit grésiller sitôt plongé dans l'huile), trempez-y les morceaux de poisson (en plusieurs fois) 4 min environ. Lorsqu'ils sont uniformément dorés, sortez-les à l'aide d'une écumoire et déposez-les sur un plat garni de papier absorbant. Salez.
Faites rissoler les pommes de terre (également en plusieurs fois) 5 min environ ; elles doivent être bien dorées. Au sortir de la poêle, égouttez-les sur du papier absorbant. Servez avec le poisson, relevé d'une tombée de vinaigre de cidre, et de la mayonnaise à l'aneth.

Voir variantes p. 120

Lotte de mer en robe de farine de maïs

Pour 4 personnes

Dans le lourd sol argileux bordant les berges sud du Mississippi, les pisciculteurs élèvent des poissons-chats en bassin. Très prisés, ces derniers sont dégustés enrobés de farine de maïs et accompagnés de galettes de farine de maïs. Dans nos contrées, la lotte de mer (baudroie) se prête idéalement à cette recette traditionnelle du Grand Sud américain.

Huile végétale, pour la friture
100 g (1 tasse) de farine de maïs
1 c. à t. de piment rouge en poudre
1 c. à t. de sel fin
½ c. à t. de paprika
½ c. à t. de poivre noir, fraîchement moulu
½ c. à t. d'ail semoule
¼ de c. à t. d'oignon semoule
¼ de c. à t. de thym séché
¼ de c. à t. d'origan séché
900 g (2 lb) de lotte de mer en filets, rincés et essuyés
Gros sel et poivre, fraîchement moulu

Faites chauffer à feu moyen une grande poêle profonde remplie d'huile végétale sur 1 cm (¼ po) environ. Dans un petit plat creux, mélangez la farine de maïs et les divers condiments. Passez les morceaux de poisson dans ce mélange.
Quand l'huile est bien chaude (375 °F, 190 °C : vérifiez à l'aide d'un thermomètre de cuisine ou avec un petit dé de pain, qui doit grésiller sitôt plongé dans l'huile), faites-y dorer les morceaux de poisson sur leurs deux faces, en les retournant une fois en cours de cuisson. Sortez-les de la poêle à l'aide d'une écumoire et déposez-les sur un plat garni de papier absorbant. Salez et poivrez à votre convenance et servez sans attendre.

Voir variantes p. 121

Fritto misto, sauce pimentée

Pour 6 à 8 personnes

Le *fritto misto*, spécialité italienne, est généralement accompagné d'une sauce verte, localement appelée *salsa verde*. On le prépare le plus souvent avec de petits poissons entiers, type blanchailles ou éperlans, mais aussi avec des crevettes, des calmars ou des céteaux. La pâte d'enrobage, à base d'œuf, est très légère. Relevez le fritto misto d'un trait de jus de citron.

Huile d'olive, pour la friture
100 g (1 tasse) de farine tout usage
1 c. à t. de sel fin
1 c. à t. de poivre blanc, fraîchement moulu
4 gros œufs, battus
250 g (9 oz) d'éperlans
6 céteaux, nettoyés et étêtés, rincés et essuyés
450 g (1 lb) de grosses crevettes crues, décortiquées, rincées et essuyées
450 g (1 lb) de petits calmars, débarrassés de leur tête, rincés et essuyés, corps coupé en rondelles, tentacules laissés entiers
Sauce pimentée (p. 38)
Quartiers de citron

Faites chauffer à feu moyen une grande poêle profonde remplie d'huile d'olive sur 1 cm (1/4 po) environ. Dans un petit plat creux, mélangez la farine, le sel et le poivre. Dans un deuxième petit saladier, fouettez légèrement les œufs battus. Passez les poissons et les fruits de mer dans la farine, puis dans l'œuf battu.
Quand l'huile est bien chaude (375 °F, 190 °C : vérifiez à l'aide d'un thermomètre de cuisine ou avec un petit dé de pain, qui doit grésiller sitôt plongé dans l'huile), trempez-y la friture (procédez en plusieurs fournées au besoin). Retournez-la une fois en cours de cuisson. Quand ils sont dorés, sortez les beignets à l'aide d'une écumoire et déposez-les sur un plat garni de papier absorbant. Servez accompagné de sauce pimentée et de quartiers de citron.

Voir variantes p. 122

Limande-sole rissolée, sauce hollandaise brune

Pour 4 personnes

L'association d'un poisson délicat juste rissolé et d'une sauce riche à souhait constitue un véritable mariage d'amour. Des variétés comme la limande-sole, le turbot ou encore le carrelet (en filets) se prêtent bien à ce type de préparation ; relativement plates, elles cuisent rapidement à la poêle. Pour des poissons plus gros, comme la sole filet, préférez la cuisson au gril.

4 filets (175 g, 6 oz chacun) de limande-sole, (ou de turbot, ou de carrelet)
1 c. à s. de beurre
Sel fin et poivre noir, fraîchement moulu
Persil plat, finement ciselé
Quartiers de citron
Sauce hollandaise brune (p. 276)

Rincez le poisson sous l'eau froide, puis épongez-le soigneusement. Dans une grande poêle à fond épais, faites chauffer le beurre à feu moyen. Dès qu'il commence à brunir, mettez-y le poisson à revenir 4 à 5 min, en le retournant une fois en cours de cuisson ; il doit être opaque et légèrement doré. Salez et poivrez à votre convenance.
Parsemez les filets rissolés de persil ciselé et servez avec des quartiers de citron. Accompagnez de sauce hollandaise brune.

Voir variantes p. 123

Poisson frit comme à la Barbade

Pour 8 personnes

Le long des côtes de la Barbade, on peut admirer le ballet des poissons volants entrant et sortant de l'eau – ces animaux étant même considérés comme un emblème national. Pour profiter de cette délicieuse recette, vous les remplacerez par des filets de sole, plus communs sur nos étals...

1 petit oignon, coupé en quatre
1 c. à t. de thym séché
25 g (3/8 tasse) de persil plat, finement ciselé
1 c. à t. de jus de citron vert
8 filets (175 g, 6 oz chacun) de sole, rincés et essuyés
Sel fin et poivre noir, fraîchement moulu
Huile végétale, pour la friture
2 gros œufs, battus
100 g (1 tasse) de chapelure fine
Quartiers de citron

À l'aide d'un robot électrique, mixez l'oignon, le thym, le persil et le jus de citron vert jusqu'à obtention d'une purée lisse. Salez et poivrez le poisson à votre goût, puis garnissez le côté chair de chaque filet de cette purée. Couvrez et réservez 1 h au frais.

Faites chauffer à feu moyen une grande poêle profonde remplie d'huile végétale sur 1 cm (1/4 po) environ. Passez les morceaux de poisson dans l'œuf battu, puis dans la chapelure. Dès que l'huile est bien chaude (375 °F, 190 °C : vérifiez à l'aide d'un thermomètre de cuisine ou avec un petit dé de pain, qui doit grésiller sitôt plongé dans l'huile), faites-y rissoler les filets 6 min environ, en les retournant une fois à mi-cuisson.

Quand ils sont bien dorés, sortez les filets à l'aide d'une écumoire et déposez-les sur un plat garni de papier absorbant. Servez accompagné de quartiers de citron.

Voir variantes p. 124

Sauté de vivaneau parfumé à l'orange

Pour 4 personnes

L'huile parfumée à l'orange relève agréablement ce sauté de poisson et de légumes, qui se marie parfaitement avec du riz à la noix de coco (p. 270).

Pour l'huile parfumée à l'orange
10 cl (3/8 tasse) d'huile végétale
1 c. à s. de zeste d'orange, fraîchement râpé
2 étoiles d'anis
1 c. à s. de poivre noir en grains

450 g (1 lb) de filets de vivaneau, rincés et essuyés, coupés en carrés de 5 cm (2 po)
Sel fin
1 c. à s. d'huile végétale
3 oignons nouveaux, coupés en biais en tronçons de 5 cm (2 po)
225 g (1 1/2 tasse) de champignons, émincés
100 g (1 1/3 tasse) de chou chinois, finement émincé

Préparez l'huile parfumée à l'orange. Dans une petite casserole, faites chauffer tous les ingrédients de la sauce 10 min environ à feu moyen. Sortez la casserole du feu et laissez reposer 30 min. Filtrez et réservez. Cette huile parfumée se conserve 2 semaines au frais, à couvert.

Salez le poisson à votre convenance. Dans un wok ou dans une grande poêle, faites chauffer l'huile jusqu'à son point de fumée. Mettez-y les oignons nouveaux, les champignons et le chou à revenir, en remuant avec une spatule ; les légumes doivent être flétris et brunis. Ajoutez le poisson et laissez-le cuire, en remuant, jusqu'à ce qu'il devienne opaque. Agrémentez chaque portion d'une tombée d'huile parfumée.

Voir variantes p. 125

Variantes

Calmars frits minute

Recette de base p. 101

Pétoncles frits minute

Suivez la recette de base, en remplaçant les calmars par des lamelles de pétoncles. Servez accompagné de mayonnaise à l'aneth (p. 275).

Hot-dog aux pétoncles frits

Préparez des pétoncles frits minute, comme indiqué dans la variante ci-dessus. Garnissez-en des pains à hot-dogs. Accompagnez d'un duo de choux (p. 266) et de mayonnaise à l'aneth (p. 275).

Calmars à l'australienne

Faites mariner les calmars coupés en morceaux 1 h dans 2 gros œufs battus agrémentés de 2 gousses d'ail émincées, 1 c. à s. de sauce soya et 1 c. à t. de gingembre frais râpé. Couvrez et réservez au frais. Faites chauffer à feu moyen une grande poêle profonde remplie d'huile sur 1 cm (1/4 po). Sortez les calmars de leur marinade, farinez-les, puis faites-les frire, en les retournant une fois en cours de cuisson. Lorsqu'ils sont bien dorés de tous côtés, sortez-les de la poêle à l'écumoire et déposez-les sur un plat garni de papier absorbant. Salez et poivrez à votre convenance, puis servez accompagné de rondelles de concombre et de sauce aigre-douce piquante.

Calmars à la mode barbecue

Suivez la recette de base, en ajoutant à la farine 25 g de sauce barbecue.

Variantes

Beignets de poisson blanc

Recette de base p. 102

Sandwichs aux beignets de poisson
Suivez la recette de base. Coupez en deux et faites griller 4 pains à hot-dogs. Garnissez-en une moitié de sauce verte aux câpres (p. 261), l'autre de salade et de fines rondelles de tomate. Disposez les beignets par-dessus les tomates, recouvrez de la seconde moitié de pain et servez sans attendre.

Sandwichs aux beignets d'huîtres
Préparez la variante ci-dessus, en remplaçant le poisson par des huîtres.

Bâtonnets de poisson en beignets
Suivez la recette de base, en découpant le poisson en bâtonnets de 6 cm (2 1/4 po) de long. Suivez ensuite la recette de base.

Beignets de poisson blanc au citron
Suivez la recette de base, en remplaçant la sauce par 1 c. à t. de zeste de citron fraîchement râpé.

Beignets de crevettes
Suivez la recette de base, en remplaçant les filets de poisson par 900 g (2 lb) de crevettes.

Variantes

Galettes de crabe

Recette de base p. 105

Galettes de poisson blanc
Suivez la recette de base, en remplaçant la chair de crabe par 225 g (8 oz) de filets de poisson blanc.

Galettes de saumon
Suivez la recette de base, en remplaçant la chair de crabe par 225 g (8 oz) de filets de saumon. Servez avec de la sauce verte aux câpres (p. 261).

Galettes de saumon fumé à l'aïoli
Suivez la recette de base, en remplaçant la chair de crabe par 225 g (8 oz) de saumon fumé. Servez avec l'aïoli minute (p. 275).

Galettes de homard
Suivez la recette de base, en remplaçant la chair de crabe par 225 g (8 oz) de homard cuit à la vapeur. Servez avec du beurre au citron vert et au piment (p. 257).

Variantes

Crevettes coco, sauce Jézabel

Recette de base p. 106

Huîtres coco, sauce Jézabel
Suivez la recette de base, en remplaçant les crevettes par 48 petites huîtres débarrassées de leur coquille.

Crevettes coco en salade
Suivez la recette de base. Répartissez dans 8 assiettes individuelles 900 g (2 lb) de jeunes pousses de salade, 450 g (1 lb) de cœurs de palmier en conserve, bien égouttés et émincés, 225 g (1 ¼ tasse) d'oranges émincées et 225 g (1 ¼ tasse) d'oignons nouveaux émincés. Disposez 6 crevettes sur chaque lit de salade. Agrémentez le tout de vinaigrette asiatique (doublez les proportions indiquées p. 27).

Crevettes coco, sauce aigre-douce piquante
Suivez la recette de base, en accompagnant les crevettes de sauce aigre-douce piquante. Servez parsemé de coriandre ciselée et d'arachides grillées concassées.

Variantes

Fish'n'chips

Recette de base p. 108

Beignets de poisson et frites de patate douce
Suivez la recette de base, en remplaçant les pommes de terre par l'équivalent en patates douces.

Beignets de poisson au saké, chips de taro
Suivez la recette de base, en remplaçant la bière par un mélange de 10 cl (3/8 tasse) de saké et 35 cl (1 1/3 tasse) d'eau, et les pommes de terre par du taro coupé en lamelles.

Beignets de poisson au vin pétillant, sauce hollandaise
Suivez la recette de base, en remplaçant la bière par un mélange de 25 cl (1 tasse) de vin pétillant et 25 cl (1 tasse) d'eau. Supprimez les pommes de terre. Servez avec des beignets d'épinards cuits à la vapeur, et remplacez le vinaigre de cidre
et la mayonnaise à l'aneth par de la sauce hollandaise (p. 264).

Beignets de crevettes à la bière
Suivez la recette de base, en remplaçant le poisson par de grosses crevettes crues, décortiquées, rincées et essuyées.

Variantes

Lotte de mer en robe de farine de maïs

Recette de base p. 109

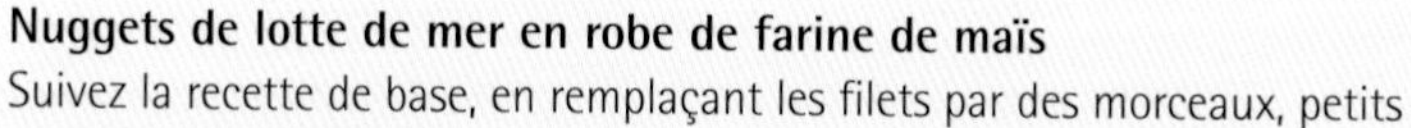

Nuggets de lotte de mer en robe de farine de maïs
Suivez la recette de base, en remplaçant les filets par des morceaux, petits et épais, de lotte de mer.

Lotte de mer en robe de farine de maïs, tomates vertes frites
Suivez la recette de base. Découpez 2 grosses tomates vertes en tranches de 1 cm (1/4 po) d'épaisseur. Passez celles-ci dans le mélange de farine de maïs, puis faites-les frire, en les retournant une fois en cours de cuisson ; elles doivent être dorées sur leurs deux faces.

Perche en robe de farine de maïs
Suivez la recette de base, en remplaçant la lotte de mer par 900 g (2 lb) de filets de perche. Accompagnez de mayonnaise à l'aneth (p. 275).

Daurade royale à la mode du Sud
Suivez la recette de base, en remplaçant la farine de maïs par un mélange de 50 g (1/2 tasse) de farine de maïs et 50 g (1/2 tasse) de farine blanche. Remplacez la lotte de mer par des filets de daurade royale.

Variantes

Fritto misto, sauce pimentée

Recette de base p. 110

Fritto misto de crustacés, sauce pimentée

Suivez la recette de base, en remplaçant les poissons et les crustacés cités par 450 g (1 lb) de grosses crevettes, 450 g (1 lb) d'huîtres débarrassées de leur coquille et 450 g (1 lb) de pétoncles.

Fritto misto de fruits de mer et de légumes, sauce pimentée

Suivez la recette de base, en remplaçant les céteaux par 6 jeunes artichauts et les éperlans par 450 g (1 lb) d'asperges vertes pelées. Faites cuire les légumes en premier, puis préparez les fruits de mer.

Fritto misto à l'aïoli

Suivez la recette de base. Remplacez la sauce pimentée par de l'aïoli (p. 262).

Fritto misto de la pêche du jour, sauce pimentée

Suivez la recette de base, en remplaçant les poissons et les crustacés cités par 450 g (1 lb) chacune des quatre variétés de poissons de mer et d'eau douce, découpés en morceaux de 5 cm (2 po) de long.

Variantes

Limande-sole rissolée, sauce hollandaise brune

Recette de base p. 112

Limande-sole rissolée, sauce à l'orange sanguine
Suivez la recette de base, en supprimant la sauce hollandaise. Sortez le poisson de la poêle, dans laquelle vous ajouterez 4 c. à s. de beurre. Dès qu'il mousse, incorporez-y, en fouettant, le jus de 1 orange sanguine, puis salez et poivrez. Nappez la limande-sole de cette sauce et servez.

Limande-sole rissolée, sauce au citron et aux câpres
Suivez la recette de base, en supprimant la sauce hollandaise. Sortez le poisson de la poêle, dans laquelle vous ajouterez 4 c. à s. de beurre. Dès qu'il mousse, incorporez-y, en fouettant, 1 à 2 c. à s. de jus de citron et 1 c. à s. de câpres égouttées. Salez et poivrez. Nappez le poisson de cette sauce et servez.

Limande-sole rissolée, sauce à la mangue et au piment
Suivez la recette de base, en supprimant la sauce hollandaise. Sortez le poisson de la poêle, dans laquelle vous ajouterez 450 g (2 tasses) de dés de mangue. Faites dorer 3 min. Ajoutez 1 c. à s. de jus de citron, 1 petit piment vert émincé et 1 c. à t. de jus de citron vert. Nappez le poisson de cette sauce et servez.

Limande-sole rissolée allégée
Graissez le fond d'une poêle au spray et faites chauffer à feu moyen. Mettez-y le poisson à revenir. Remplacez la sauce hollandaise par du jus de citron.

Variantes

Poisson frit comme à la Barbade

Recette de base p. 113

Homard frit à la carthaginoise
Décortiquez 4 homards, coupez-les en dés. Réservez les carapaces. Mélangez le homard avec 2 c. à s. de concentré de tomate, 50 g (1/2 tasse) d'oignons nouveaux et 1 c. à s. de sauce Worcestershire. Garnissez les carapaces de cette préparation. Plongez-les dans 2 œufs battus, enrobez-les de chapelure (175 g, 3/4 tasse), puis faites-les frire à l'huile, en les retournant en cours de cuisson.

Colin style tapas
Mixez 1 petit oignon, 1/2 poivron vert, 2 gousses d'ail et 2 c. à s. d'huile d'olive jusqu'à obtention d'une pâte bien lisse. Salez et poivrez 4 filets de colin, puis garnissez-en le côté chair de la pâte précédente. Faites chauffer une poêle à feu moyen et mettez-y les filets à revenir 4 min dans 2 c. à s. d'huile d'olive, face enduite au-dessous. Retournez les filets et faites-les cuire sur leur autre face 3 min environ ; la chair du poisson doit être opaque.

Poisson frit à la thaïe
Suivez la recette de base, en enduisant le poisson de 1 c. à s. de pâte de curry vert délayée dans 2 c. à s. de lait de coco, à la place du mélange au thym.

Poisson frit à la béarnaise
Suivez la recette de base, en remplaçant l'oignon par 2 grosses échalotes, le thym par de l'estragon et le jus de citron vert par du vinaigre à l'estragon.

Variantes

Sauté de vivaneau parfumé à l'orange

Recette de base p. 114

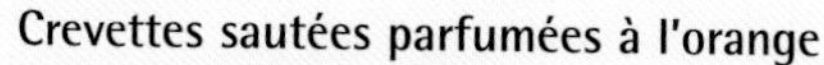

Crevettes sautées parfumées à l'orange

Suivez la recette de base, en remplaçant le poisson par de grosses crevettes crues, décortiquées, rincées et essuyées. Les crevettes sont prêtes quand elles prennent une teinte opaque rosée.

Vivaneau sauté en vinaigrette asiatique

Suivez la recette de base, en remplaçant l'huile parfumée à l'orange par de la vinaigrette asiatique (p. 27) .

Sauté de saumon et de haricots mange-tout parfumé à l'orange

Suivez la recette de base, en remplaçant le vivaneau par du saumon et le chou chinois par des haricots mange-tout.

Sauté de pétoncles parfumé à l'orange

Suivez la recette de base, en remplaçant le poisson par des pétoncles. Ceux-ci sont prêts quand ils prennent une teinte opaque.

Cuisson au four

La palette des fruits de mer se prêtant à la cuisson au four est suffisamment riche pour satisfaire les plus exigeants gourmets. Ceux-ci ont en effet le choix entre des préparations aussi savoureuses que les classiques rillettes de crabe, le délicieux gratin de pétoncles servis dans leur coquille ou les traditionnels plats en sauce – sans oublier les pizzas, chaussons et pains de toutes sortes.

Rillettes de crabe

Pour 8 personnes

Que vous donniez une grande réception ou un buffet entre amis, il faut toujours prévoir quelque chose à grignoter qui convienne à tous. Les rillettes de crabe remplissent pleinement cet office. Proposez-les avec de petits biscuits salés, de petits toasts de pain de seigle ou des tranches de baguette grillées.

225 g (8 oz) de fromage frais (type Philadelphia), ramolli
1 c. à s. de lait
175 à 200 g (6 à 7 oz) de chair de crabe cuite, émiettée
3 c. à s. d'oignon, finement émincé
½ à 1 c. à t. de raifort du commerce
½ c. à t. de sel fin
½ c. à t. de poivre noir, finement moulu
6 gouttes de sauce piquante
1 c. à t. de sauce Worcestershire

Préchauffez le four à 375 °C (190 °C). Dans un saladier, mélangez tous les ingrédients jusqu'à obtention d'un ensemble homogène. Transvasez l'appareil dans un plat de cuisson. Enfournez pour 15 min ; la préparation doit bouillonner. Servez tiède ou froid.

Voir variantes p. 142

Pétoncles en coquille

Pour 8 personnes

De grandes coquilles – disponibles dans les meilleures épiceries ou simplement chez votre poissonnier – font des contenants parfaits pour cette délicieuse entrée.

1 gousse d'ail, émincée
3 c. à s. de jus de citron frais
2 c. à s. de persil plat, finement ciselé
2 c. à s. d'huile d'olive
25 g (2 c. à s.) de beurre, ramolli
8 gros pétoncles, rincés et essuyés
50 g (½ tasse) de chapelure

Préchauffez le four à 425 °C (220 °C). Disposez 8 coquilles bien nettoyées ou 8 ramequins résistant à la chaleur dans un plat de cuisson.
Dans un petit saladier, mélangez l'ail, le jus de citron, le persil, l'huile et le beurre, jusqu'à obtention d'une pâte homogène. Déposez 1 pétoncle au centre de chaque coquille. Recouvrez d'un peu de préparation au beurre et parsemez de 1 c. à s. de chapelure. Enfournez pour 10 à 15 min ; l'ensemble doit être doré et bouillonnant. Servez très chaud, accompagné de pain grillé.

Voir variantes p. 143

Chaussons de homard

Pour 6 personnes

Un verre de champagne ou d'un autre vin pétillant accompagnera à merveille ces délicieux feuilletés de homard, à l'occasion d'une célébration spéciale… ou non.

25 g (2 c. à s.) de beurre
3 c. à s. de cognac
2 échalotes, finement émincées
2 gousses d'ail, finement hachées
1 carotte de taille moyenne, finement émincée
25 cl (1 tasse) de vin blanc sec (chardonnay, de préférence)
3 c. à s. de crème 35 %
Sel et poivre noir, fraîchement moulu
450 g (1 lb) de pâte feuilletée surgelée
La chair de 2 gros homards cuits, détaillée en 6 morceaux

Dans une grande sauteuse, faites fondre le beurre, ajoutez-y le cognac, puis faites flamber le tout avec précaution 1 min environ, en prenant soin de vous reculer. Couvrez la sauteuse, pour étouffer les flammes. Ajoutez ensuite les échalotes, l'ail et la carotte, puis laissez cuire 5 à 6 min ; les légumes doivent être tendres. Mouillez avec le vin blanc, portez à ébullition et laissez réduire le liquide de moitié. Ajoutez la crème et sortez la casserole du feu. Salez et poivrez à votre convenance.
Préchauffez le four à 425 °F (220 °C). Découpez les feuilles de pâte en 6 carrés de 15 cm (6 po) de côté. Garnissez un plat de cuisson de papier sulfurisé. Déposez 1 morceau de homard au centre de chaque carré de pâte et nappez-le de 2 c. à s. de la préparation crémée. Repliez chaque carré de pâte feuilletée en faisant coïncider les bords, que vous aurez préalablement humidifiés. Scellez les chaussons en pressant les bords l'un contre l'autre, puis déposez-les dans le plat de cuisson. Enfournez pour 20 à 25 min ; la pâte doit être croustillante et bien dorée. Servez sans attendre.

Voir variantes p. 144

Pizza aux crevettes à la thaïlandaise

Pour 4 personnes en plat principal, pour 8 personnes en entrée

Cette pizza, que l'on déguste accompagnée d'une bière bien fraîche et de concombre mariné, est aussi délicieuse chaude que froide.

6 c. à s. de beurre d'arachide lisse
100 g (1/2 tasse) de yogourt nature
2 c. à t. de sucre roux
1 1/2 c. à t. de sauce soya
1 c. à t. d'huile de sésame
1 c. à t. d'huile pimentée
2 c. à s. de vin de riz de Shaoxing
2 gousses d'ail, hachées
325 g (12 oz) de crevettes cuites, décortiquées, rincées et séchées
1 pâte à pizza préétalée (30 cm, 12 po de diamètre), précuite
100 g (1 tasse) de poivron rouge, finement émincé
100 g (1 tasse) d'oignons nouveaux, finement émincés
50 g (3/4 tasse) de coriandre fraîche, finement ciselée

Préchauffez le four à 425 °F (220 °C). Dans un saladier, mélangez le beurre d'arachide, le yogourt, le sucre roux, la sauce soya, les huiles, le vin de riz et l'ail haché, jusqu'à obtention d'un mélange lisse. Enrobez-en les crevettes et disposez celles-ci sur le fond de pâte à pizza, en évitant de les faire se chevaucher. Garnissez de poivron et d'oignons nouveaux. Enfournez pour 12 à 15 min ; les crevettes doivent être opaques. Parsemez de coriandre ciselée juste avant de servir.

Voir variantes p. 145

Quiche au homard

Pour 6 à 8 personnes

Cette quiche raffinée, à la fois riche et savoureuse, convient parfaitement pour un brunch ou un déjeuner. La même, en miniature (p. 146), constitue une entrée formidable.

1 fond de tarte cru profond
(23 cm, 9 po de diamètre)
100 g (3 ½ oz) de petites pousses d'épinards
175 g (6 oz) de chair de homard cuite, coupée en dés
50 g (½ tasse) d'oignon rouge, coupé en dés
50 g (½ tasse) de poivron rouge, coupé en dés
225 g (8 oz) de gruyère râpé
4 gros œufs
35 cl (1 ⅓ tasse) de crème 15%
½ c. à t. de sel fin
½ c. à t. de poivre noir, fraîchement moulu

Préchauffez le four à 450 °F (230 °C). Piquez le fond de tarte et faites-le précuire 5 min. Sortez-le du four, dont vous baisserez la température à 350 °F (175 °C).
Garnissez le fond de tarte des jeunes pousses d'épinards. Disposez par-dessus le homard, puis l'oignon rouge et enfin le poivron rouge. Parsemez de fromage.
Dans un petit saladier, fouettez vigoureusement les œufs avec la crème 15%, le sel et le poivre. Versez délicatement cet appareil sur la tarte. Enfournez pour 35 à 45 min ; la lame d'un couteau piqué dans la quiche doit en sortir propre. Laissez refroidir 15 min avant de découper et de servir.

Voir variantes p. 146

Flétan en papillote

Pour 4 personnes

La cuisson en papillote – avec des herbes aromatiques et divers condiments – est une méthode éprouvée, qui donne d'excellents résultats. Appréciez ainsi un poisson savoureux et moelleux à souhait. Qui plus est, la formule réduit considérablement le travail de nettoyage !

4 feuilles (30 × 40 cm, 12 × 6 po) de papier sulfurisé ou de papier d'aluminium épais
4 filets (175 g, 6 oz) de flétan (ou de mérou, de vivaneau, de cabillaud, de lotte…), rincés et essuyés
225 g (1 1/2 tasse) de champignons frais, émincés
450 g (2 tasses) de tomates en conserve, égouttées
25 g (3/8 tasse) d'estragon frais, finement ciselé
25 g (3/8 tasse) de persil plat, finement ciselé
5 cl (1/4 tasse) de vin blanc sec
5 cl (1/4 tasse) d'huile d'olive extravierge
Sel fin et poivre noir, fraîchement moulu

Préchauffez le four à 450 °F (230 °C). Disposez les feuilles de papier sulfurisé ou d'aluminium sur le plan de travail et déposez 1 filet de poisson au centre de chacune d'elles. Recouvrez chaque filet de champignons émincés et de tomates concassées, parsemez d'estragon et de persil, puis arrosez de vin blanc et d'huile. Salez et poivrez.
Confectionnez des papillotes en pliant les feuilles de papier, en prenant soin de bien en sceller les bords. Placez les papillotes dans un plat allant au four, côté pliage au-dessus. (À ce stade, vous pouvez aussi conserver les papillotes 24 h au réfrigérateur avant de les faire cuire.)
Enfournez pour 14 à 16 min, sans retourner les papillotes en cours de cuisson. Répartissez celles-ci dans 4 assiettes. Laissez-les refroidir un peu avant de les défaire.

Voir variantes p. 147

Brandade aux tomates cerises

Pour 6 à 8 personnes

Ce plat traditionnel méditerranéen est à base de morue, que l'on trouve dans la plupart des poissonneries. Pensez à la faire dessaler 48 h à l'avance. Accompagnez la brandade d'une baguette bien croustillante.

900 g (2 lb) de morue, débarrassée
de ses arêtes
50 cl (2 tasses) de crème 35 %
10 gousses d'ail, pelées
450 g (1 lb) de pommes de terre, pelées
et coupées en dés
Sel fin et poivre blanc, fraîchement moulu
Huile pour le plat
450 g (1 lb) de tomates cerises
5 cl (1/4 tasse) d'huile d'olive extravierge
2 c. à t. de thym frais
2 c. à t. de romarin frais

Faites tremper la morue 48 h dans de l'eau froide, en prenant soin de changer l'eau au moins 4 fois pendant le trempage. Coupez ensuite le poisson en 8 morceaux.
Préchauffez le four à 400 °F (200 °C). Dans une casserole, faites chauffer la crème 35 %, l'ail et la morue 8 min environ à feu moyen ; le poisson doit être tendre. Réservez.
Dans une grande casserole, mettez les pommes de terre, couvrez-les d'eau et portez le tout à ébullition. Laissez cuire 15 min environ ; les pommes de terre doivent être bien tendres. Égouttez-les et réduisez-les en purée. Transférez la purée et la préparation à la morue dans le bol d'un robot électrique et mixez le tout jusqu'à obtenir un ensemble lisse et homogène. Salez et poivrez à votre convenance.
Versez la préparation au centre d'un plat de cuisson carré de 20 cm (8 po) de côté, que vous aurez préalablement huilé. Disposez les tomates tout autour. Arrosez d'huile d'olive et parsemez d'herbes, puis enfournez pour 15 min ; la brandade doit bouillonner.

Voir variantes p. 148

Saumon en feuille de bananier

Pour 4 personnes

Les feuilles de bananier, que l'on trouve, fraîches ou surgelées, dans les épiceries exotiques, donnent un léger goût herbacé au poisson, tout en protégeant sa chair de la chaleur directe. Le saumon se prête bien à ce genre de préparation.

1 grande feuille de bananier, fraîche ou surgelée (à défaut, 1 grand sac en papier épais)
1 petit saumon entier (1-1,5 kg, 2-3 lb), nettoyé, vidé, rincé et essuyé
Huile d'olive
1 c. à t. de poivre au citron
1 c. à t. de zeste de citron vert, fraîchement râpé
Sel et poivre noir, fraîchement moulu

Préchauffez le four à 400 °F (200 °C). Si vous utilisez une feuille de bananier fraîche, supprimez-en la tige centrale dure. Passez-la ensuite sous l'eau chaude pour la ramollir, de sorte que vous puissiez la plier. Épongez-la soigneusement, puis séparez-la en deux dans la longueur. Faites se chevaucher les deux demi-feuilles, de façon qu'elles puissent recouvrir parfaitement le poisson.

Pratiquez 3 incisions sur chaque face du poisson. Badigeonnez-le d'huile, puis agrémentez-le de poivre au citron, de zeste de citron, de sel et de poivre. Déposez le poisson sur les feuilles de bananier ; rabattez les bords droit et gauche des feuilles, puis roulez le tout à la manière d'un « burrito ». Si vous utilisez un sac en papier, glissez-y le poisson, puis refermez le sac le plus hermétiquement possible. Placez le poisson emballé dans un plat de cuisson, puis enfournez pour 25 min ; le poisson doit être ferme et sa chair s'effeuiller à la fourchette dans sa partie la plus épaisse. Avant de servir, défaites doucement le dessus de l'emballage et présentez l'ensemble sur un plat.

Voir variantes p. 149

Gratin de crevettes aux artichauts

Pour 8 personnes

Très pratique lorsque vous recevez, ce plat peut être préparé à l'avance, et les proportions de la recette peuvent être aisément doublées ou triplées pour régaler de grandes tablées. Les saveurs de ce gratin raviront les papilles des petits comme des grands.

225 g (1 ½ tasse) de champignons, émincés
150 g (⅔ tasse) de beurre
700 g (1 ½ lb) de crevettes moyennes cuites, décortiquées, rincées et essuyées
10 petits cœurs d'artichauts en conserve, égouttés et grossièrement émincés
25 g (¼ tasse) de farine blanche tout usage
35 cl (1 ⅓ tasse) de crème 15 %
10 cl (⅜ tasse) de xérès sec
1 c. à s. de sauce Worcestershire
Sel et poivre noir, fraîchement moulu
¼ de c. à t. de paprika
50 g (⅝ tasse) de parmesan, fraîchement râpé

Préchauffez le four à 350 °F (175 °C). Faites revenir les champignons dans 50 g (¼ tasse) de beurre ; ils doivent être bien tendres. Tapissez le fond d'un plat à gratin d'une contenance de 3,5 l (15 tasses) des champignons cuits, puis recouvrez ceux-ci des crevettes et des cœurs d'artichauts.

Dans une casserole, faites fondre le reste de beurre et incorporez-y la farine, en fouettant bien 3 min environ. Ajoutez progressivement la crème et continuez de mélanger vigoureusement, jusqu'à obtention d'un ensemble crémeux. Agrémentez de xérès, de sauce Worcestershire, de sel, de poivre et de paprika, puis nappez les crevettes et les cœurs d'artichauts de cette préparation. Parsemez le tout de parmesan et enfournez pour 35 à 40 min ; le gratin doit être doré et bouillonnant.

Voir variantes p. 150

Poisson à la marocaine

Pour 4 personnes

Ce plat dégage une impressionnante diversité de saveurs au fur et à mesure qu'il cuit. Servez-le avec du pain pita ou des naans chauds, ou, mieux encore, accompagnez-le de semoule, qui absorbera parfaitement le délicieux jus de cuisson.

Huile pour le plat
1 gros oignon, finement émincé
1 grosse tomate, coupée en fines rondelles
1 citron, débarrassé de ses extrémités et coupé en fines rondelles
4 filets (175 à 225 g, 6 à 8 oz) de poisson (type perche, églefin, vivaneau ou saint-pierre), rincés et essuyés
1 c. à s. de cumin en poudre
1 c. à s. de paprika
1 c. à s. de graines de coriandre, moulues
1 c. à t. de graines de carvi, moulues
1 pointe de couteau de piment rouge en poudre
Sel fin
2 c. à s. d'huile d'olive

Préchauffez le four à 375 °C (190 °C). Huilez généreusement un plat de 33 × 23 cm (13 x 9 po) allant au four. Tapissez-en le fond d'une couche d'oignon, que vous recouvrirez de tomate, puis de citron. Disposez les filets de poisson par-dessus.
Dans un bol, mélangez bien le cumin, le paprika, la coriandre, le carvi, le piment et le sel. Saupoudrez les filets de poisson de ce mélange et arrosez le tout d'huile d'olive. Couvrez et enfournez pour 35 min. Le poisson est prêt quand la partie la plus épaisse du filet peut être effeuillée à la fourchette.

Voir variantes p. 151

Variantes

Rillettes de crabe

Recette de base p. 127

Rillettes de crevettes
Suivez la recette de base, en remplaçant le crabe par des petites crevettes en conserve, bien égouttées.

Rillettes de crabe Rangoon
Préparez du crabe Rangoon (p. 69), que vous ferez cuire comme indiqué pour les rillettes. Servez cette préparation avec des wontons frits.

Rillettes de crevettes au curry
Suivez la recette de base, en remplaçant le crabe par des petites crevettes en conserve, égouttées. Remplacez l'oignon par des oignons nouveaux émincés, le raifort et la sauce Worcestershire par 1 c. à t. de curry en poudre.

Champignons farcis au crabe
Suivez la recette de base. Au lieu de transvaser la préparation dans un plat de cuisson, farcissez-en 450 g (2 tasses) de têtes de champignons, que vous disposerez dans un plat de cuisson. Enfournez pour 15 min dans un four préchauffé à 375 °F (190 °C).

Variantes

Pétoncles en coquille

Recette de base p. 128

Paloudes en coquille

Suivez la recette de base, en remplaçant les pétoncles par 450 g (1 lb) de palourdes. Réduisez le temps de cuisson à 8 à 10 min.

Gratin de pétoncles

Portez à ébullition 5 cl (1/4 tasse) de vin blanc sec, 2 c. à s. de jus de citron frais et 1 c. à t. d'estragon séché. Ajoutez-y 25 cl (1 tasse) de crème 35 % ainsi que 2 c. à t. de moutarde de Dijon. Laissez mijoter, en remuant constamment ; le mélange doit épaissir. Répartissez les pétoncles dans 8 ramequins. Nappez chacun d'eux de sauce et parsemez-les de 1 c. à s. de chapelure fine. Enfournez pour 15 min dans un four préchauffé à 425 °F (220 °C).

Archanges à cheval

Coupez 4 tranches de lard fumé en deux dans la longueur. Enrobez 8 pétoncles dans chaque demi-tranche, que vous maintiendrez avec une pique, puis enfournez pour 12 à 15 min dans un four préchauffé à 425 °F (220 °C) ; le lard doit être grillé, et les pétoncles doivent être fermes et opaques.

Anges à cheval

Suivez la variante ci-dessus, en remplaçant les pétoncles par 8 grosses huîtres, débarrassées de leur coquille.

Variantes

Chaussons de homard

Recette de base p. 131

Chaussons de homard, épinards vapeur et sauce hollandaise brune
Suivez la recette de base. Servez chaque chausson sur un lit de pousses d'épinards cuites à la vapeur. Entourez d'un ruban de sauce hollandaise brune (p. 276).

Chaussons de homard et asperges rôties, sauce hollandaise à l'orange
Suivez la recette de base. Accompagnez les chaussons de homard d'asperges rôties. Entourez le tout d'un ruban de sauce hollandaise à l'orange (p. 276).

Aumônières de homard
Préparez la farce au homard. Remplacez la pâte feuilletée par 8 crêpes. Déposez un peu de farce au homard au centre de chaque crêpe. Repliez en aumônière. Maintenez celle-ci fermée à l'aide de 1 brin de ciboulette blanchi ou d'un autre lien comestible.

Aumônières de pétoncles
Préparez l'appareil du gratin de pétoncles (p. 143). Remplacez la pâte feuilletée par 8 crêpes. Déposez un peu de farce au centre de chaque crêpe. Repliez en aumônière. Maintenez celle-ci fermée à l'aide de 1 brin de ciboulette blanchi ou d'un autre lien comestible.

Variantes

Pizza aux crevettes à la thaïlandaise

Recette de base p. 132

Pizza aux crevettes et au poulet à la thaïlandaise
Suivez la recette de base, en remplaçant la moitié des crevettes par 175 g (6 oz) de blanc de poulet, désossé et débarrassé de sa peau, et découpé en carrés de 5 cm (2 po) de côté.

Pizza aux crevettes, au lait de coco et à la pâte de curry vert
Suivez la recette de base, en remplaçant le yogourt par du lait de coco, la sauce soya et l'huile de sésame par 2 c. à t. de pâte de curry vert.

Pizza aux crevettes, aux cœurs d'artichauts et aux poivrons rouges
Mélangez 325 g (12 oz) de crevettes moyennes avec 50 cl (2 tasses) d'huile d'olive, 2 gousses d'ail émincées, du sel et du poivre. Répartissez 450 g (1 lb) de cœurs d'artichauts émincés et 225 g (1 ½ tasse) de poivrons rouges émincés sur la pâte à pizza. Disposez les crevettes par-dessus, en évitant de les faire se chevaucher. Parsemez de 50 g (½ tasse) de parmesan fraîchement râpé, puis enfournez pour 12 à 15 min dans un four préchauffé à 425 °F (220 °C).

Pizza aux palourdes
Préparez la variante ci-dessus, en remplaçant les crevettes par 450 g (1 lb) de palourdes surgelées (préalablement dégelées).

Variantes

Quiche au homard

Recette de base p. 134

Quiche au crabe

Suivez la recette de base, en remplaçant le homard par 175 g (6 oz) de chair de crabe non émiettée.

Quiche aux crevettes et au bacon à la mode du Sud

Suivez la recette de base, en remplaçant le homard par 225 g (8 oz) de crevettes moyennes cuites, décortiquées, rincées, essuyées et émincées, et par 175 g (6 oz) de bacon grillé et émietté. Remplacez le gruyère par du cheddar râpé.

Quiche sans pâte au homard

Suivez la recette de base, en supprimant la pâte à tarte. Huilez l'intérieur d'un plat de cuisson de 23 cm (9 po) de diamètre. Répartissez-y, en couches, le homard, les légumes et le fromage. Nappez de l'appareil aux œufs. Suivez ensuite la recette de base.

Mini-quiches au homard

Suivez la recette de base, en utilisant 16 à 20 petits fonds de tartes précuits du commerce. Garnissez-les chacun de 1 morceau de homard, et répartissez les légumes et le fromage autour. Nappez de l'appareil aux œufs. Enfournez pour 15 à 20 min ; les mini-quiches doivent être dorées et bouillonnantes.

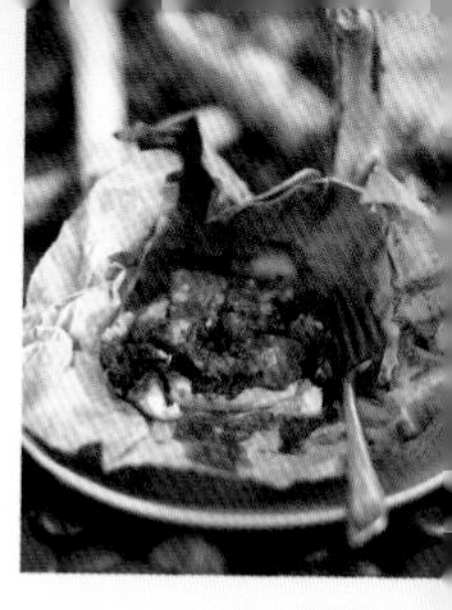

Variantes

Flétan en papillote

Recette de base p. 135

Flétan en papillote au barbecue

Suivez la recette de base, en utilisant du papier d'aluminium pour les papillotes. Préparez un feu dans le barbecue (pas trop vif). Disposez les papillotes sur la grille de cuisson, rabattez le couvercle et laissez cuire 14 à 16 min.

Bar au saké au barbecue

Disposez 4 filets de bar (175 g, 6 oz chacun) sur 4 feuilles de papier d'aluminium. Arrosez-les de 2 c. à s. de saké, 1 c. à t. de sauce soya, 1/4 de c. à t. de gingembre frais râpé, 1/4 de c. à t. de cassonade et 2 c. à s. d'oignons nouveaux finement ciselés. Préparez un feu moyennement fort dans le barbecue. Disposez les papillotes sur la grille, fermeture au-dessus. Rabattez le couvercle de l'appareil et laissez cuire 14 à 16 min.

Truite aux herbes et au citron en papillote

Suivez la recette de base, en remplaçant le flétan par de la truite, que vous arroserez d'un trait de citron avant de refermer les papillotes. Supprimez les tomates.

Saumon en papillote

Suivez la recette de base, en remplaçant le flétan par du saumon.

Variantes

Brandade aux tomates cerises

Recette de base p. 136

Sandwichs à la brandade

Suivez la recette de base. Coupez en deux des petits pains ronds. Arrosez-en les faces coupées d'huile d'olive. Garnissez une moitié de 1 feuille de salade, 50 g (1 3/4 oz) de brandade, 50 g (1 3/4 oz) de tomates cuites, puis couvrez de l'autre moitié.

Tomates cocktail farcies à la brandade

Préparez une brandade. Arrosez-la d'huile d'olive et enfournez-la. Évidez partiellement les tomates et coupez-les légèrement à la base, afin qu'elles tiennent debout. Farcissez chacune de 1 c. à t. bien bombée de brandade. Disposez dans un plat de service et parsemez d'herbes finement ciselées.

Champignons farcis à la brandade

Préparez une brandade, en supprimant les tomates. Garnissez les chapeaux de 16 champignons de brandade et arrosez d'huile d'olive. Parsemez d'herbes finement ciselées et enfournez.

Crostinis à la brandade

Préparez une brandade, en supprimant les tomates. Découpez des tranches de baguette et badigeonnez-les d'huile d'olive. Faites-les griller 15 min dans un four préchauffé à 350 °F (175 °C). Garnissez chaque tartine de 1 c. à s. de brandade. Arrosez d'huile d'olive, parsemez d'herbes et enfournez.

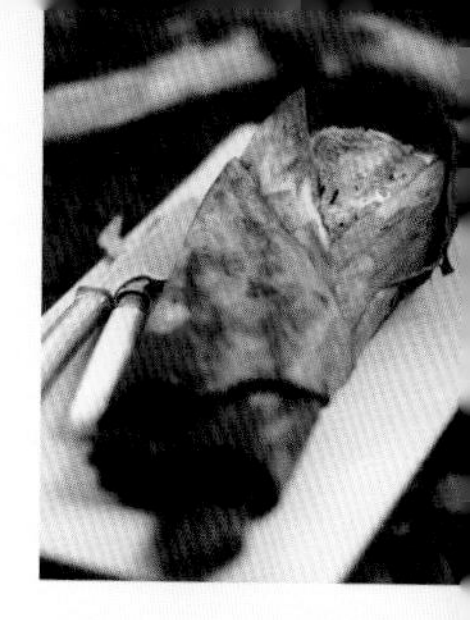

Variantes

Saumon en feuille de bananier

Recette de base p. 138

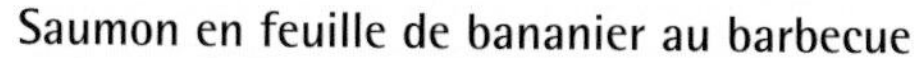

Saumon en feuille de bananier au barbecue

Suivez la recette de base. Préparez le barbecue pour une cuisson indirecte (p. 18). Déposez le saumon emballé sur la grille au-dessus de la source de chaleur, puis laissez cuire 5 min de chaque côté. Déplacez la papillote à l'autre extrémité, puis rabattez le couvercle de l'appareil et laissez cuire 15 min de plus.

Vivaneau façon malaise au barbecue

Suivez la recette de base, en remplaçant le saumon par du vivaneau, que vous enduirez de 50 g (2 c. à s.) de pâte de piment (à la place du mélange de poivre au citron, de zeste de citron vert, de sel et de poivre). Faites cuire au barbecue comme indiqué ci-dessus.

Poisson d'eau douce en feuille de bananier

Suivez la recette de base, en remplaçant le saumon par de la truite ou tout autre poisson d'eau douce. Avant de refermer la papillote, agrémentez le poisson d'une anchoïade (à la place du mélange de poivre au citron, de zeste de citron vert, de sel et de poivre).

Mérou en feuille de bananier

Suivez la recette de base, en remplaçant le saumon par du mérou. Remplacez le poivre au citron par du thym.

Variantes

Gratin de crevettes aux artichauts

Recette de base p. 139

Gratin de crabe aux artichauts
Suivez la recette de base, en remplaçant les crevettes par 225 g (8 oz) de chair de crabe non émiettée.

Pâtes aux crevettes et au fromage
Suivez la recette de base, en supprimant les champignons, les artichauts, le xérès et les 50 g (1/4 tasse) de beurre. Mélangez 450 g (3 tasses) de macaronis cuits avec les crevettes. Préparez la sauce crémée selon la recette de base, en y incorporant 75 g (3/4 tasse) de vieux cheddar râpé. Nappez les pâtes et les crevettes de cette sauce. Parsemez de 75 g (3/4 tasse) de cheddar râpé supplémentaires, puis enfournez.

Pâtes au homard et au fromage
Suivez la recette de la variante ci-dessus, en remplaçant les crevettes cuites par la chair de 4 queues de homard cuites.

Ramequins de crevettes aux artichauts
Suivez la recette de base, en remplaçant le plat de cuisson par 8 petits ramequins adaptés à la cuisson au four. Couvrez chacun d'eux de 1 disque de pâte feuilletée. Enfournez à 425 °F (220 °C) pour 15 à 20 min ; la pâte doit être bien dorée.

Variantes

Poisson à la marocaine

Recette de base p. 140

Poisson à la libanaise

Suivez la recette de base, en remplaçant les épices citées par 1 c. à s. de sumac moulu, 1 c. à s. de cumin en poudre et 1 c. à t. de sel. Agrémentez l'huile d'olive de 2 gousses d'ail hachées avant d'en arroser le poisson, puis de l'enfourner.

Poisson à la provençale

Suivez la recette de base, en remplaçant l'assaisonnement indiqué par 25 g (1 c. à s.) d'herbes de Provence séchées.

Gratin de poisson au vin blanc

Disposez, dans le plat de cuisson préalablement huilé, 4 filets de poisson type turbot, églefin ou flétan, sans les faire se chevaucher. Arrosez-les de 10 cl (3/8 tasse) de vin blanc sec et de 1 c. à s. de jus de citron. Enfournez à couvert pour 20 min dans un four préchauffé à 400 °F (200 °C). Sortez le plat du four, nappez le poisson de 10 cl (3/8 tasse) de crème 35 % et parsemez-le de 75 g (3/4 tasse) de gruyère râpé. Enfournez de nouveau, à découvert, pour 15 min de cuisson supplémentaires.

Gratin de pétoncles au vin blanc

Suivez la recette de la variante ci-dessus, en remplaçant le poisson par 450 g (1 lb) de pétoncles. Rectifiez le temps de cuisson en conséquence, ces derniers cuisant plus vite du fait de leur rapport surface-épaisseur.

Cuisson au barbecue

Un feu vif, une giclée d'huile d'olive, un goûteux assaisonnement ou une marinade ; il n'en faut pas davantage pour préparer de délicieux poissons et crustacés au barbecue. Ce mode de cuisson leur confère un inimitable arôme caramélisé. N'oubliez pas les sauces et accompagnements qui relèvent agréablement ces grillades, tout en leur apportant une touche de couleur.

Mini-burgers de thon au barbecue, sauce verte aux câpres

Pour 8 personnes

Ces petits burgers offrent l'avantage d'être prêts en un tournemain. Le thon doit être juste saisi ; il est en effet meilleur à peine cuit.

5 cl (1/4 tasse) d'huile d'olive + un peu pour badigeonner
2 c. à s. de vinaigre à l'estragon
1 feuille de laurier, émiettée
8 petits pains artisanaux, coupés en deux
8 steaks (100 g, 3 1/2 oz chacun) de thon, de 2,5 cm (1 po) d'épaisseur, rincés et essuyés
Sauce verte aux câpres (p. 261)

Préparez un feu vif dans le barbecue. Dans un saladier, mélangez l'huile d'olive, le vinaigre à l'estragon et le laurier. Badigeonnez d'huile d'olive les faces coupées des petits pains. Faites griller les steaks de thon (comptez 2 min 30 à 3 min de chaque côté pour du thon très peu cuit et 3 à 4 min pour du thon rosé). Badigeonnez-les du mélange à l'estragon pendant la cuisson. Ne les retournez qu'une fois.

Pendant les dernières minutes de cuisson, disposez les petits pains, face coupée vers le bas, sur la grille ; ils doivent être dorés et striés. Garnissez chacun d'eux d'un steak de thon grillé et de sauce verte aux câpres.

Voir variantes p.168

Crevettes grillées au rhum et au citron vert

Pour 6 personnes en plat principal, pour 12 personnes en entrée

La cuisson au barbecue donne un délicieux goût de grillé à ces crevettes. N'oubliez pas que les crustacés continuent de cuire 1 à 2 min hors du feu ; retirez-les donc de la grille avant qu'ils ne soient tout à fait prêts. Pour que les crevettes cuisent uniformément, évitez de trop les tasser en les enfilant sur les brochettes.

6 piques en bambou de 30 cm (12 po) environ
50 g (1/4 tasse) de beurre, fondu
2 c. à s. de jus de citron vert frais
2 c. à s. de rhum ou de xérès
2 oignons nouveaux, finement émincés (partie verte comprise)
2 c. à t. de gingembre frais, râpé
24 grosses crevettes crues, décortiquées, rincées et essuyées

Faites tremper les piques en bambou 30 min environ dans l'eau. Préparez un feu vif dans le barbecue. Dans un saladier, mélangez le beurre fondu, le jus de citron vert, le xérès ou le rhum, les oignons nouveaux et le gingembre. Enfilez les crevettes sur les piques. Réservez un quart de la sauce au citron vert et badigeonnez généreusement les crustacés du reste. Faites griller les brochettes 2 à 4 min de chaque côté ; les crevettes doivent être opaques et fermes, et marquées par la grille. Servez avec le reste de sauce.

Voir variantes p.169

Maquereaux grillés

Pour 4 personnes

Pour obtenir un meilleur résultat, faites griller des poissons gras comme les maquereaux, les harengs, les anchois et les sardines le plus rapidement possible après leur sortie de l'eau. Un bon feu, une sauce bien relevée à base de beurre, de citron et de moutarde de Dijon... et le tour est joué !

4 maquereaux (800 g, 1 3/4 lb en tout), parés, rincés et essuyés
50 g (1/4 tasse) de beurre, fondu
1 c. à t. de moutarde de Dijon
1 c. à t. de jus de citron frais
25 g (3/8 tasse) de persil plat, finement ciselé
Sel fin et poivre noir, fraîchement moulu
Huile, pour la plaque
Quartiers de citron

Pratiquez 3 ou 4 entailles de chaque côté des poissons. Ouvrez-les entièrement, à la manière d'un livre. Mélangez le beurre fondu, la moutarde, le jus de citron et le persil. Badigeonnez-en l'intérieur et l'extérieur des poissons, puis salez-les et poivrez-les à votre convenance. Préparez dans le barbecue un feu assez vif. Huilez généreusement une plaque de cuisson perforée et disposez-y à plat les maquereaux ouverts, côté peau au-dessous. Faites-les griller 10 min environ ; leur partie la plus épaisse doit s'effeuiller facilement à la fourchette. Évitez de les retourner en cours de cuisson. Servez accompagné de quartiers de citron.

Voir variantes p.170

Truites grillées

Pour 4 personnes

Voici une excellente manière d'accommoder le fruit de votre pêche du jour. La perche (ou d'autres poissons du même type) se prête aussi très bien à cette recette.

4 truites (800 g, 1 ¾ lb) entières, nettoyées, rincées et essuyées
4 c. à s. d'huile d'olive
16 rondelles de citron (3 mm, ⅛ po d'épaisseur)
8 brins de romarin frais
Sel fin et poivre noir, fraîchement moulu

Préparez, dans un barbecue ou une cheminée, un feu avec des bois durs comme du chêne, de l'érable ou du noyer (évitez le pin, qui fait des étincelles et donne un goût de résine). Posez les truites, côté peau au-dessous, sur le plan de travail. Versez 1 c. à s. d'huile d'olive dans le ventre de chacune d'elles, que vous garnirez de 4 rondelles de citron et de 2 brins de romarin. Badigeonnez généreusement les poissons d'huile d'olive, puis salez et poivrez à votre convenance.

Disposez les truites dans 2 paniers à grillade bien huilés. Dès que le feu est suffisamment vif et que les braises sont grises, faites griller les poissons 5 min d'un côté, puis retournez-les et poursuivez la cuisson 5 min de l'autre. Continuez ensuite à les retourner régulièrement. Ils sont prêts au terme de 15 min de cuisson en tout, quand la partie la plus épaisse du filet peut être effeuillée à la fourchette.

Voir variantes p.171

Crustacés grillés, sauce au gingembre et au citron vert

Pour 6 personnes

Pour cette recette, utilisez des homards ou des langoustes, ou encore des crevettes géantes ou des langoustines royales – selon les disponibilités de votre poissonnier. En premier lieu, faites cuire les crustacés à l'eau bouillante ou à la vapeur, puis passez-les au barbecue, afin qu'ils s'imprègnent de ces délicieux arômes de grillé.

4 c. à s. d'huile d'olive
Le jus de 1 citron vert
25 g (3/8 tasse) de feuilles de coriandre, finement ciselées
2 c. à t. de gingembre frais, râpé
Sel fin et poivre noir, fraîchement moulu
900 g (2 lb) de crustacés (type langouste, homard, crevettes, langoustines), crus, avec leur carapace, nettoyés, rincés et essuyés
Sauce au gingembre et au citron vert (p. 39)

Préparez dans le barbecue un feu pas trop vif. Dans un saladier, mélangez l'huile d'olive, le jus de citron vert, la coriandre et le gingembre. Salez et poivrez à votre convenance. Portez à ébullition un grand volume d'eau. Plongez-y les crustacés 5 à 6 min ; ils doivent devenir rouges. Sortez-les immédiatement de l'eau bouillante à l'aide de pinces adaptées, passez-les sous l'eau froide, puis posez-les sur une planche à découper. Avec un couteau tranchant, décortiquez les queues (jetez les carapaces). Badigeonnez les crustacés d'huile parfumée. Disposez-les sur la grille, rabattez le couvercle du barbecue et faites griller 2 min d'un côté. Retournez et poursuivez la cuisson 2 min de l'autre. Servez accompagné de sauce au gingembre et au citron vert.

Voir variantes p.172

Églefin grillé, sauce à la papaye

Pour 4 personnes

Avec ce plat, la bouche est tout d'abord envahie des saveurs du pili-pili, qui laissent place à la douceur du poisson, laquelle s'efface ensuite au profit de la sauce froide. Ne laissez surtout pas mariner l'églefin trop longtemps – pas plus de 30 min – au risque de le « cuire » dans la marinade : vous vous retrouveriez avec du ceviche... Le pili-pili est élaboré à base de petits piments forts qui furent importés en Afrique méridionale par les explorateurs portugais revenant d'Amérique du Sud.

1 à 2 c. à t. de pili-pili du commerce (ou toute autre sauce piquante)
2 gousses d'ail, émincées
2 c. à t. de jus de citron frais
5 cl (1/4 tasse) d'huile de colza
Sel fin et poivre noir, fraîchement moulu
4 filets (175 g, 6 oz chacun) d'églefin (ou de mérou, de vivaneau, de cabillaud, de lotte), rincés et essuyés
Sauce à la papaye et au citron vert (p. 277)

Préparez un feu vif dans le barbecue. Dans un saladier, mélangez le pili-pili, l'ail, le jus de citron et l'huile de colza. Salez et poivrez à votre convenance. Badigeonnez les deux faces des filets de poisson de cette huile parfumée et laissez mariner 30 min (pas plus).
Mesurez les filets dans leur plus grande épaisseur et comptez 4 min de cuisson par centimètre (soit 8 min en tout pour un filet de 2 cm, 3/4 po). Faites-les griller 4 min de chaque côté (si l'on reprend l'exemple de filets épais de 2 cm, 3/4 po), en les retournant une fois à mi-cuisson. Ils sont prêts lorsque leur partie la plus épaisse s'effeuille à la fourchette. Servez accompagné de sauce à la papaye et au citron vert.

Voir variantes p.173

Grillade de lotte au chou rouge

Pour 6 personnes

La chair dense de la lotte se distingue ici par d'inédits arômes de grillé, encore sublimés par le contraste avec le chou vinaigré. Dégustez-la avec un verre de vin blanc fruité.

½ chou rouge, débarrassé de son cœur dur et finement émincé
2 c. à s. de vinaigre de vin blanc
Sel fin et poivre noir, fraîchement moulu
2 avocats mûrs, pelés et dénoyautés
10 cl (3/8 tasse) de crème sure
2 c. à s. de jus de citron vert frais
800 g (1 3/4 lb) de filets de lotte, débarrassés de leur peau, rincés et essuyés
Huile végétale
Coriandre fraîche, ciselée

Dans un saladier, mélangez le chou rouge et le vinaigre ; salez et poivrez à votre convenance. À l'aide d'un robot électrique, réduisez en purée les avocats, la crème sure et le jus de citron vert. Assaisonnez à votre goût.
Préparez un feu vif dans le barbecue. Badigeonnez le poisson d'huile, puis salez et poivrez. Mesurez les filets dans leur plus grande épaisseur et comptez 4 min de cuisson par centimètre (soit 8 min en tout pour un filet de 2 cm, 3/4 po). Faites-les griller 4 min de chaque côté (si l'on reprend l'exemple de filets épais de 2 cm, 3/4 po), en les retournant une fois à mi-cuisson. Ils sont prêts quand ils ont acquis une teinte blanche bien opaque.
Pour servir, découpez les filets de lotte en morceaux. Répartissez le chou vinaigré en cercle sur des assiettes. Placez au centre la crème d'avocat et surmontez des morceaux de poisson. Parsemez de coriandre et servez sans attendre.

Voir variantes p.174

Sauté de pétoncles, purée de poivrons au basilic

Pour 4 personnes

Les pétoncles continuent de cuire 1 min environ après qu'ils ont été sortis du feu. Considérez-les comme prêts dès qu'ils sont croustillants à l'extérieur. Surtout, évitez de trop les faire cuire : ils deviendraient caoutchouteux.

350 g (12 oz) de poivrons rouges grillés en conserve, égouttés
50 g (1/4 tasse) de beurre, ramolli
Sel fin et poivre noir, fraîchement moulu
20 pétoncles moyens, rincés et essuyés
Huile d'olive
25 g (3/8 tasse) de feuilles de basilic, finement ciselées

Préparez dans le barbecue un feu très vif. Installez-y une grille ou bien une poêle en fonte que vous ferez chauffer à blanc ; une goutte d'eau jetée dessus doit grésiller et s'évaporer instantanément. À l'aide d'un robot électrique, réduisez en purée lisse les poivrons rouges et le beurre. Salez et poivrez à votre goût.

Badigeonnez les pétoncles d'huile d'olive et assaisonnez-les à votre convenance. Saisissez-les sur la grille ou dans la poêle 2 min de chaque côté ; ils doivent être dorés et opaques. Agrémentez la purée de poivrons rouges de basilic. Pour servir, disposez les pétoncles sur un lit de purée.

Voir variantes p.175

Saumon sauté aux tomates cerises et aux pois mange-tout

Pour 4 personnes

La préparation de sautés au barbecue implique de faire mariner des aliments découpés en petits morceaux, puis de les saisir dans un wok perforé posé sur la grille de cuisson, au-dessus des braises ou du feu. Remuez la préparation à l'aide d'une spatule en bois ou d'une cuillère à long manche adaptée au barbecue. Les plats ainsi préparés, très parfumés, s'accompagnent bien de riz cuit à la vapeur.

Vinaigrette asiatique (p. 27) ou sauce teriyaki du commerce
450 g (1 lb) de filet de saumon, débarrassé de sa peau, rincé et essuyé, découpé en morceaux de 5 cm (2 po) de long
12 tomates cerises
225 g (1 ½ tasse) de pois mange-tout
½ oignon rouge, coupé en dés
Huile, pour le wok

Mettez la vinaigrette ou la sauce dans un sac en plastique alimentaire muni d'une fermeture zippée. Ajoutez-y le saumon, les tomates, les pois mange-tout et l'oignon rouge. Refermez le sac ; secouez pour bien mélanger et réservez au frais 30 min environ.
Préparez dans le barbecue un feu très vif. Huilez généreusement un wok à barbecue que vous poserez sur la grille de cuisson. Mettez-y les aliments marinés, à l'aide d'une écumoire. Faites cuire 8 min environ à feu vif, en remuant très régulièrement. Abaissez le couvercle du barbecue. Poursuivez la cuisson 5 min de plus, puis servez sans attendre.

Voir variantes p.176

Espadon grillé, orzo à la tomate et aux épinards

Pour 4 personnes

L'espadon est encore l'un des rares poissons disponibles en steaks bien épais. Originaire des eaux froides et profondes de l'Atlantique et de la Méditerranée, il est ferme, charnu et gras. Le romarin et l'ail mettent agréablement en valeur ses saveurs délicates.

5 cl (1/4 tasse) d'huile d'olive
1 c. à t. de romarin séché
1 gousse d'ail, émincée
Sel fin et poivre noir, fraîchement moulu
4 steaks d'espadon (2,5 cm, 1 po d'épaisseur), rincés et essuyés
Orzo à la tomate et aux épinards (p. 268)

Dans un saladier, mélangez l'huile d'olive, le romarin, l'ail, le sel et le poivre. Badigeonnez le poisson de ce mélange et réservez 30 min.
Préparez dans le barbecue un feu très vif. Faites griller le poisson 4 à 5 min de chaque côté ; la grille doit marquer l'espadon, qui doit se révéler ferme au toucher. Accompagnez d'orzo à la tomate et aux épinards.

Voir variantes p.177

Variantes

Mini-burgers de thon au barbecue, sauce verte aux câpres

Recette de base p. 153

Mini-burgers de saumon, sauce verte aux câpres
Suivez la recette de base, en remplaçant le thon par des filets de saumon.

Mini-burgers de thon, sauce hoisin et gingembre confit
Émincez très finement au couteau 900 g (2 lb) de thon frais (débarrassé de sa peau et des arêtes) ou hachez-le au robot électrique. Ajoutez au hachis 1½ c. à t. de sel et 1 c. à t. de poivre noir. Façonnez 8 galettes ; faites-les griller 2 min 30 à 3 min de chaque côté. Garnissez-en les petits pains, puis agrémentez de sauce hoisin et de gingembre confit.

Mini-burgers de thon, sauce verte aux câpres
Suivez la recette de base, en préparant les burgers dans une grande poêle à fond épais, que vous aurez fait chauffer à blanc 15 min environ.

Tartines à l'espadon, sauce hollandaise à l'estragon
Suivez la recette de base, en remplaçant le thon par de l'espadon et la sauce verte aux câpres par de la sauce hollandaise à l'estragon (p. 276). Mélangez 100 g (½ tasse) de tomates fraîches concassées, 100 g (½ tasse) d'olives noires dénoyautées et hachées et 2 c. à s. de câpres. Nappez chaque steak de sauce hollandaise, puis d'un peu de préparation à la tomate. Servez sur des tartines grillées.

Variantes

Crevettes grillées au rhum et au citron vert

Recette de base p. 154

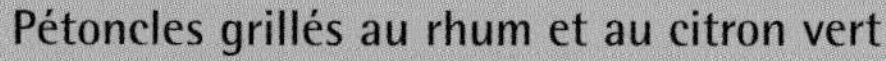

Pétoncles grillés au rhum et au citron vert
Suivez la recette de base, en remplaçant les crevettes par 24 pétoncles moyens.

Crevettes pimentées à l'indonésienne
Enrobez les crevettes de 50 g (1/8 tasse) de pâte à l'ail et au piment avant de les faire griller. Servez avec de la sauce à la mangue et au citron vert (p. 265).

Crevettes à la japonaise
Enduisez les crevettes d'huile de colza avant de les faire griller.
Pendant la cuisson, badigeonnez-les avec 10 cl (3/8 tasse) de sauce teriyaki du commerce. Servez avec des rondelles d'ananas grillées au barbecue et du riz frit.

Satay de crevettes à la balinaise
Préparez une sauce satay en mélangeant 2 c. à s. de pâte de curry rouge thaïe, 35 cl (1 1/3 tasse) de lait de coco, 100 g (3/8 tasse) de beurre d'arachide et 1 c. à t. de pâte de tamarin (ou 1 c. à t. de jus de citron vert frais), jusqu'à obtenir un ensemble homogène. Ajoutez-y 25 g (3/8 tasse) de feuilles de coriandre finement ciselées. Enduisez les crevettes de cette sauce satay avant de les faire griller. Servez accompagné de rondelles de concombre, du reste de sauce satay et de riz à la noix de coco (p. 270).

Variantes

Maquereaux grillés

Recette de base p. 157

Anchois grillés
Suivez la recette de base, en remplaçant les maquereaux par des anchois.

Sardines grillées à la marseillaise
Remplacez les maquereaux par autant de sardines fraîches. Badigeonnez-les d'huile d'olive. Parsemez-les de fenouil séché, salez et poivrez. Faites griller les poissons 5 à 6 min, puis servez-les accompagnés de quartiers de citron.

Daurade royale comme à la Barbade
Remplacez les maquereaux par des filets de daurade royale. Badigeonnez le poisson d'huile d'olive et arrosez-le de 2 c. à s. de jus de citron vert frais. Parsemez de 1 c. à t. de thym séché ; salez et poivrez à votre convenance. Faites griller comme indiqué dans la recette de base. Servez accompagné de quartiers de citron.

Dorade rose à l'orientale
Remplacez les maquereaux par des filets de dorade rose. Badigeonnez-les de sauce teriyaki, puis faites griller comme indiqué dans la recette de base. Servez accompagné de riz cuit à la vapeur et de vinaigrette asiatique (p. 27).

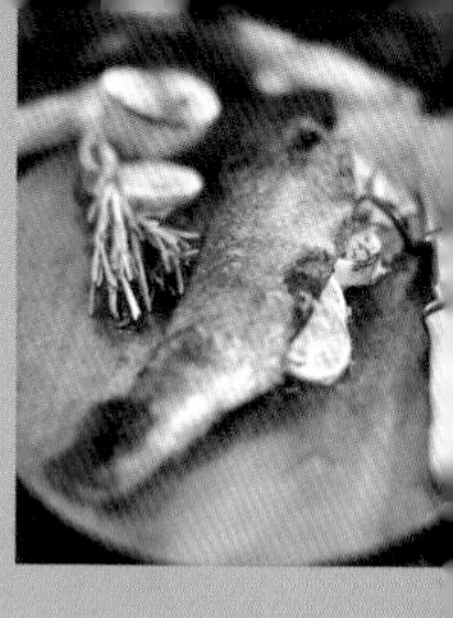

Variantes

Truites grillées

Recette de base p. 158

Truites à la poêle au barbecue

Suivez la recette de base, en utilisant 2 poêles en fonte à la place des paniers de cuisson pour barbecue. Utilisez 1 c. à s. d'huile supplémentaire pour arroser chaque truite. Disposez les poêles sur une grille au-dessus du feu. Faites-y cuire les poissons 15 min en tout, en les retournant une fois en cours de cuisson.

Truites au bacon

Farcissez les poissons de 2 c. à s. d'oignons nouveaux émincés. Salez et poivrez, puis enveloppez dans 3 tranches de bacon. Maintenez avec des piques en bois. Faites griller comme indiqué dans la recette de base.

Truites au vert

Suivez la recette de base, en y ajoutant 16 feuilles de romaine ou de chou vert, blanchies 1 min à l'eau bouillante ; elles doivent être juste flétries. Égouttez-les et essuyez-les. Emballez chaque poisson dans 4 feuilles de chou ou de romaine. Maintenez avec des piques en bois avant de faire griller.

Perche à la pancetta

Salez et poivrez 4 perches. Disposez 3 feuilles de basilic à l'intérieur de chacune, puis emballez-les dans 1 ou 2 tranches de pancetta. Maintenez avec des piques en bois. Faites griller les poissons et accompagnez-les d'aïoli (p. 262).

Variantes

Crustacés grillés, sauce au gingembre et au citron vert

Recette de base p. 160

Crustacés grillés, vinaigrette asiatique

Suivez la recette de base, en remplaçant la sauce au gingembre et au citron vert par de la vinaigrette asiatique (p. 27).

Crevettes grillées, vinaigrette à la tomate et aux herbes

Suivez la recette de base, en utilisant de grosses crevettes et en remplaçant la sauce au gingembre et au citron vert par de la vinaigrette à la tomate et aux herbes (p. 258).

Crustacés grillés en salade

Suivez la recette de base. Disposez les crustacés grillés sur un lit de salade. Arrosez le tout de sauce.

Tomates farcies aux crustacés grillés

Suivez la recette de base, en supprimant la sauce. Mélangez 325 g (12 oz) de crustacés grillés au barbecue avec 1 c. à s. de moutarde de Dijon, 100 g (½ tasse) de mayonnaise, 1 c. à s. d'aneth frais, du sel et du poivre. Évidez 6 grosses tomates mûres et farcissez-les de ce mélange. Servez très frais.

Variantes

Églefin grillé, sauce à la papaye

Recette de base p. 161

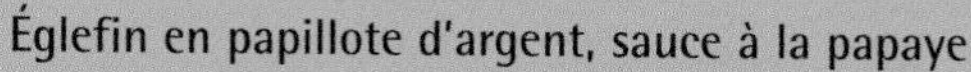

Églefin en papillote d'argent, sauce à la papaye

Suivez la recette de base, en enveloppant chaque filet mariné dans du papier d'aluminium. Préparez un feu assez vif dans le barbecue. Disposez les papillotes sur la grille de cuisson, fermeture au-dessus. Refermez le couvercle du barbecue et faites cuire 14 à 16 min.

Églefin en papillote, sauce à la papaye

Suivez la recette de base. Au lieu de préparer le barbecue, préchauffez le four à 450 °F (230 °C). Déposez 1 filet de poisson mariné au centre de 1 feuille de papier sulfurisé de 40 cm (16 po) de côté. Repliez le papier en papillote. Enfournez pour 14 à 16 min.

Brochettes d'églefin, sauce à la papaye

Suivez la recette de base. Trempez 12 piques en bambou dans de l'eau 30 min environ. Coupez le poisson mariné en dés de 3 cm (1 ¼ po) de côté, puis enfilez-les sur les piques, en prenant soin de ne pas tasser. Faites griller les brochettes 4 min de chaque côté, en les retournant une fois en cours de cuisson.

Églefin grillé à la thaïe, sauce à la papaye

Suivez la recette de base, en remplaçant la marinade par 1 c. à s. de pâte de curry vert délayée dans 5 cl (¼ tasse) de lait de coco.

Variantes

Grillade de lotte au chou rouge

Recette de base p. 162

Grillade de crevettes
Suivez la recette de base, en remplaçant la lotte par des crevettes. Faites-les griller 2 à 4 min de chaque côté.

Grillade de thon
Suivez la recette de base, en remplaçant la lotte par des tranches de thon. Faites-les griller 3 à 4 min de chaque côté.

Grillade d'empereur
Suivez la recette de base, en remplaçant la lotte par des steaks d'empereur. Faites-les griller 3 à 4 min de chaque côté et saupoudrez de paprika.

Grillade de homard
Suivez la recette de base, en remplaçant la lotte par 600 à 700 g (1 ¼ à 1 ½ lb) de queues de homard précuites à l'eau bouillante et décortiquées. Faites-les griller 2 min de chaque côté et coupez-les en dés avant de servir.

Variantes

Sauté de pétoncles, purée de poivrons au basilic

Recette de base p. 164

Sauté de pétoncles, purée de petits pois

Suivez la recette de base, en remplaçant la purée de poivrons par de la purée de petits pois. Dans un grand volume d'eau bouillante salée, faites cuire 300 g (1 1/3 tasse) de petits pois 3 min environ ; ils doivent être tendres. Égouttez, puis réduisez en purée au mixeur avec 50 g (1/4 tasse) de beurre. Salez et poivrez à votre convenance.

Sauté de pétoncles, purée de courge au parmesan

Suivez la recette de base, en remplaçant la purée de poivrons par de la purée de courge au parmesan. Faites chauffer 400 g (14 oz) de purée de courge du commerce avec 25 g (1/4 tasse) de parmesan fraîchement râpé. La préparation doit être bien chaude et le fromage fondu. Salez et poivrez à votre convenance.

Sauté de pétoncles au jambon cru

Suivez la recette de base, en enveloppant chaque pétoncle dans 1 tranche de jambon cru. Maintenez avec une pique en bois, puis faites griller selon les instructions de la recette de base.

Sauté de lotte, purée de poivrons au basilic

Suivez la recette de base, en remplaçant les pétoncles par 4 filets de lotte. Comptez 4 min de cuisson par centimètre d'épaisseur des filets.

Variantes

Saumon sauté aux tomates cerises et aux pois mange-tout

Recette de base p. 165

Crevettes sautées aux tomates cerises et aux pois mange-tout
Suivez la recette de base, en remplaçant le saumon par de grosses crevettes crues, décortiquées et nettoyées.

Lotte sautée aux épis de maïs, aux tomates cerises et aux courgettes
Suivez la recette, en remplaçant la vinaigrette asiatique par 25 cl (1 tasse) de vinaigrette classique, le saumon par de la lotte et les mange-tout par 225 g (1 tasse) de jeunes maïs et 225 g (1 tasse) de courgettes émincées.

Crevettes sautées, sauce satay
Suivez la recette, en remplaçant la vinaigrette par de la sauce satay (p. 169), le saumon par de grosses crevettes crues décortiquées, et les mange-tout et l'oignon rouge par 225 g (1 tasse) de poivrons rouges émincés et 225 g (1 tasse) d'oignons nouveaux émincés. Parsemez d'arachides pilées.

Sauté de mahi mahi à la mode du Pacifique
Suivez la recette de base, en remplaçant la vinaigrette par de la sauce teriyaki du commerce, le saumon par du mahi mahi, les mange-tout par 225 g (1 tasse) de poivrons rouges émincés et 225 g (1 tasse) d'ananas coupé en dés, et l'oignon rouge par 100 g (½ tasse) d'oignons nouveaux.

Variantes

Espadon grillé, orzo à la tomate et aux épinards

Recette de base p. 166

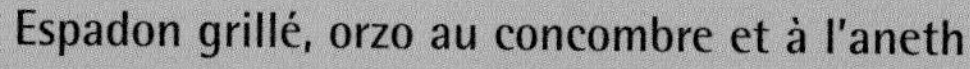

Espadon grillé, orzo au concombre et à l'aneth
Suivez la recette de base, en remplaçant l'orzo à la tomate et aux épinards par de l'orzo au concombre et à l'aneth (p. 279).

Espadon grillé au romarin, orzo à la tomate et aux épinards
Suivez la recette de base, en supprimant le romarin séché. Incorporez 2 brins de romarin frais au mélange huile d'olive, ail et condiments. Mettez le tout dans un plat adapté au four à micro-ondes et faites chauffer 1 min à puissance maximale. Laissez refroidir 15 min, puis versez sur l'espadon et réservez 30 min à température ambiante. Faites griller comme indiqué dans la recette de base.

Espadon grillé au beurre et aux herbes, orzo à la tomate et aux épinards
Suivez la recette de base, en garnissant chaque steak d'espadon grillé de 1 grosse noisette de beurre aux herbes fraîches (p. 272).

Espadon mariné et grillé, orzo à la tomate et aux épinards
Suivez la recette de base, en supprimant la vinaigrette au romarin. Mélangez 2 c. à s. de jus de citron frais, 2 gousses d'ail émincés, 1 c. à t. de sel et 5 cl (1/4 tasse) d'huile d'olive pour réaliser une marinade. Versez sur les steaks d'espadon et réservez 30 min à température ambiante. Sortez le poisson de la marinade et faites-le griller suivant les instructions de la recette de base.

Grillades sur planche

La cuisson sur planche donne aux aliments un délicat arôme de boisé différent de celui qu'impartit le fumage ou la cuisson classique au barbecue. C'est aussi la manière la plus facile de cuisiner – il vous suffit de poser la planche sur la grille de cuisson et de rabattre le couvercle. Avis aux gourmets !

Crevettes au beurre bistro

Pour 4 personnes

Les crevettes ainsi préparées prennent les arômes du bois de la planche, auxquels se mêlent ceux du beurre bistro. Vous pouvez présenter la planche à table et proposer à vos hôtes du bon pain croustillant, pour qu'ils puissent saucer à leur guise.

1 planche à grillade, trempée dans l'eau au moins 30 min
16 à 24 grosses crevettes crues, pelées et décortiqués, rincées et essuyées
Beurre bistro (p. 272)

Pendant le trempage de la planche, préparez le barbecue pour une cuisson indirecte (allumez le feu d'un seul côté de la cuve). Disposez les crevettes sur la planche, en évitant de les faire se chevaucher et en veillant à ce qu'elles soient bien en contact avec le bois. Parsemez-les de beurre bistro.

Posez la planche sur la grille de cuisson, du côté opposé à la source de chaleur. Rabattez le couvercle du barbecue et laissez cuire 30 à 45 min ; les crustacés doivent être d'un rose opaque. Servez sans attendre.

Voir variantes p. 194

Saumon sauce chimichurri

Pour 6 personnes en plat principal, pour 12 personnes en entrée

L'avantage de faire cuire un filet de saumon sur une planche à griller tient notamment au fait qu'il n'est pas nécessaire de retourner le poisson, qui cuit parfaitement tel quel. La sauce chimichurri, spécialité d'Argentine, relève bien le saumon. Cette préparation peut être présentée à vos hôtes à même la planche. Elle convient pour un plat principal, mais vous pouvez aussi la proposer en entrée. Accompagnez de pain bien croustillant pour saucer.

1 planche à grillade, trempée dans l'eau au moins 30 min
1 filet de saumon débarrassé de sa peau, rincé et essuyé, découpé de manière à tenir sur la planche
Sauce chimichurri (p. 273)
Pain grillé au barbecue

Pendant le trempage de la planche, préparez le barbecue pour une cuisson indirecte (allumez le feu d'un seul côté de la cuve). Disposez le filet de saumon sur la planche, puis arrosez-le de sauce chimichurri.

Posez la planche sur la grille de cuisson, du côté opposé à la source de chaleur, puis rabattez le couvercle du barbecue et laissez cuire 45 à 60 min ; la partie la plus épaisse du poisson doit s'effilocher à la fourchette. Servez sans attendre, avec du pain grillé.

Voir variantes p. 195

Lotte au beurre de macadamia

Pour 6 personnes

Voici une recette qui vous donnera un avant-goût d'Australie et de Nouvelle-Zélande. Vous pouvez substituer à la lotte des poissons de type colin ou saumon – à la chair plutôt ferme et au goût plus ou moins prononcé.

Pour le beurre de macadamia

100 g (1/2 tasse) de noix de macadamia, concassées
100 g (1/2 tasse) de beurre, ramolli
25 g (3/8 tasse) de persil, finement ciselé
Sel fin et poivre noir, fraîchement moulu

1 planche à grillade, trempée dans l'eau au moins 30 min
900 g (2 lb) de filets de lotte, débarrassés de leur peau, rincés et essuyés
Quartiers de citron

Préparez le beurre de macadamia. Dans un saladier, mélangez les noix, le beurre et le persil à la fourchette. Salez et poivrez à votre convenance.

Pendant le trempage de la planche, préparez le barbecue pour une cuisson indirecte (allumez le feu d'un seul côté de la cuve). Disposez les filets de lotte sur la planche et garnissez-les de beurre de macadamia.

Posez la planche sur la grille de cuisson, du côté opposé à la source de chaleur, puis rabattez le couvercle du barbecue et laissez cuire 45 min à 1 h ; la partie la plus épaisse du poisson doit s'effilocher à la fourchette. Servez accompagné de quartiers de citron.

Voir variantes p. 196

Bar au bois d'aulne, glaçage à l'artichaut

Pour 4 personnes

Le bois d'aulne – un bois dur – confère de délicats arômes boisés à cette préparation. Le glaçage à l'artichaut relève également le poisson, tout en contribuant à en conserver la saveur et le moelleux.

Pour le glaçage à l'artichaut
100 g (3 ½ oz) de cœurs d'artichauts en conserve, égouttés et émincés
225 g (1 tasse) de mayonnaise
50 g (½ tasse) d'asiago râpé (à défaut, de fontina)
Poivre blanc, fraîchement moulu
2 planches à grillade en bois d'aulne, trempées dans l'eau au moins 30 min
4 filets de bar, débarrassés de leur peau, rincés et essuyés
Quartiers de citron

Préparez le barbecue pour une cuisson indirecte (allumez le feu d'un seul côté de la cuve). Préparez le glaçage à l'artichaut. Dans un saladier, mélangez à la fourchette les artichauts, la mayonnaise et l'asiago. Poivrez à votre convenance. Disposez le poisson sur les planches. Recouvrez-le du glaçage.
Posez les planches sur la grille de cuisson, du côté opposé à la source de chaleur. Rabattez le couvercle du barbecue et laissez cuire 30 min ; la partie la plus épaisse du poisson doit s'effilocher à la fourchette. Servez accompagné de quartiers de citron.

Voir variantes p. 197

Tapas de colin grillé

Pour 8 personnes en entrée

Ce plat convient parfaitement pour une réception à l'extérieur, en été : proposez à vos invités cette délicieuse entrée colorée à base de poisson, avec du pain grillé et de l'aïoli. Accompagnez le tout de sangria.

Pour la garniture
10 cl (3/8 tasse) d'huile d'olive
2 gousses d'ail, émincées
1 c. à s. de poivron rouge, émincé
1 c. à s. d'oignons nouveaux, émincés
1 c. à t. de vinaigre de xérès ou de jus de citron frais
Sel fin et poivre noir, fraîchement moulu

2 planches à grillade en bois de cèdre, de chêne ou d'érable, trempées dans l'eau au moins 30 min
4 filets de colin, débarrassés de leur peau, rincés et essuyés

Préparez le barbecue pour une cuisson indirecte (allumez le feu d'un seul côté de la cuve). Préparez la garniture. À l'aide d'un robot électrique, mixez l'huile d'olive, l'ail, le poivron, l'oignon nouveau et le vinaigre de xérès (ou le jus de citron) jusqu'à obtention d'un mélange homogène. Salez et poivrez à votre convenance.
Disposez les filets de colin sur les planches à griller, puis recouvrez-les de la garniture. Posez les planches sur la grille de cuisson, du côté opposé à la source de chaleur. Rabattez le couvercle du barbecue et laissez cuire 45 min à 1 h ; la partie la plus épaisse du poisson doit s'effilocher à la fourchette. Servez sans attendre.

Voir variantes p. 198

Thon à la niçoise

Pour 4 personnes

Dans cette version revue et corrigée du thon à la niçoise, tous les ingrédients cuisent sur la planche et sont servis sur un lit de salade. À déguster accompagné d'un verre de rosé bien frais et d'une baguette croustillante.

5 cl (1/4 tasse) de vinaigre de vin rouge
2 c. à s. d'échalotes, émincées
1 c. à s. de moutarde de Dijon
1 grosse gousse d'ail, émincée
1 c. à t. de pâte d'anchois
20 cl (7/8 tasse) d'huile d'olive extravierge
Sel fin et poivre noir, fraîchement moulu
1 planche à grillade épaisse ou 2 planches plus fines, trempées dans l'eau au moins 30 min
4 steaks (2,5 cm, 1 po d'épaisseur) de thon frais, rincés et essuyés
325 g (12 oz) de haricots verts, frais ou surgelés, équeutés
450 g (1 lb) de tomates cerises ou en grappe
3 gros œufs durs, écalés et coupés en quatre
225 g (1 tasse) d'olives noires
450 g (8 tasses) de feuilles de salade
1 1/2 c. à s. de feuilles de basilic, ciselées

Préparez le barbecue pour une cuisson indirecte (allumez le feu d'un seul côté de la cuve). Dans un petit saladier, fouettez le vinaigre de vin de rouge, les échalotes, la moutarde, l'ail, la pâte d'anchois et l'huile d'olive. Salez et poivrez à votre convenance. Disposez les filets de poisson sur les planches à griller. Recouvrez-les de haricots verts, de tomates cerises, d'œufs et d'olives. Arrosez le tout de la moitié de la vinaigrette.
Posez les planches sur la grille de cuisson, du côté opposé à la source de chaleur. Rabattez le couvercle du barbecue et laissez cuire 30 min ; les haricots verts doivent être bien tendres. Répartissez la salade dans 4 assiettes. Disposez le thon, les haricots verts, les tomates cerises, les œufs et les olives sur la salade. Agrémentez du reste de vinaigrette et parsemez de basilic.

Voir variantes p. 199

Églefin grillé, sauce à l'ananas

Pour 6 personnes

Les sauces à base de fruits frais, comme celle-ci, relèvent très agréablement les grillades. N'oubliez pas de badigeonner poissons et crustacés d'huile d'olive avant de les faire cuire – cela les protège de la chaleur des flammes et contribue à leur conserver leur moelleux.

2 planches à grillade fines, trempées dans l'eau au moins 30 min
6 filets d'églefin (ou de vivaneau, ou de colin), débarrassés de leur peau, rincés et essuyés
Huile d'olive
Sel fin et poivre noir, fraîchement moulu
Sauce à l'ananas et au citron vert (p. 277)
Tortillas de blé
Crème sure
Feuilles de coriandre, finement ciselées

Préparez le barbecue pour une cuisson indirecte (allumez le feu d'un seul côté de la cuve). Badigeonnez le poisson d'huile d'olive. Salez et poivrez à votre convenance. Disposez l'églefin sur les planches et nappez-le de sauce.

Posez les planches sur la grille de cuisson, du côté opposé à la source de chaleur. Rabattez le couvercle du barbecue et laissez cuire 30 à 45 min ; la partie la plus épaisse du poisson doit s'effilocher à la fourchette.

Pour servir, farcissez des tortillas légèrement réchauffées du poisson découpé en morceaux, de crème sure et de coriandre.

Voir variantes p. 200

Vivaneau fumé au citron et à l'estragon

Pour 4 personnes en plat principal, pour 8 personnes en entrée

Des copeaux de bois ajoutés au feu apportent d'agréables arômes de fumé aux aliments. Servez cette préparation en plat principal, accompagnée de riz au citron (p. 281) ou bien en entrée, avec des petits biscuits salés.

2 planches à grillade, trempées dans l'eau au moins 30 min
1 poignée de copeaux de bois dur (type mesquite ou noyer)
100 g (1/2 tasse) de beurre, ramolli
25 g (3/8 tasse) de feuilles d'estragon, finement ciselées
1 c. à s. de jus de citron frais
4 filets de vivaneau, rincés et essuyés
Sel fin et poivre noir, fraîchement moulu

Pendant le trempage des planches, préparez le barbecue pour une cuisson indirecte (allumez le feu d'un seul côté de la cuve). Pour un barbecue au gaz, emballez une poignée de copeaux de bois dans une feuille de papier d'aluminium. Percez l'emballage de quelques trous, pour permettre à la fumée de s'échapper, et disposez-le non loin d'un brûleur. Pour un barbecue à charbon de bois, éparpillez les copeaux de bois directement sur les braises chaudes.
Dans un saladier, mélangez à la fourchette le beurre, l'estragon et le jus de citron. Disposez les filets de vivaneau sur la planche et parsemez-les du mélange précédent. Salez et poivrez à votre convenance.
Posez la planche sur la grille de cuisson, du côté opposé à la source de chaleur. À l'apparition des premières fumées, rabattez le couvercle du barbecue et laissez cuire 30 à 45 min ; la partie la plus épaisse du poisson doit s'effilocher à la fourchette. Servez sans attendre.

Voir variantes p. 201

Roulade de limande-sole sur planche de cèdre

Pour 4 personnes

Pour ce plat original, préférez des filets de poisson plat type limande-sole, sole ou turbot. Recouvrez-les de la garniture, roulez le tout, disposez sur la planche et nappez de sauce. Succès garanti !

1 planche à grillade, trempée dans l'eau au moins 30 min
4 filets de limande-sole, rincés et essuyés
1 glaçage à l'artichaut (p. 184)
Vinaigrette à la tomate et aux herbes (p. 258)

Pendant le trempage de la planche, préparez le barbecue pour une cuisson indirecte (allumez le feu d'un seul côté de la cuve). Disposez les filets de limande-sole, côté peau au-dessus, sur un plan de travail et nappez-les de glaçage à l'artichaut. Enroulez les filets en spirale, en commençant par l'extrémité la plus large. Disposez les roulés sur la planche à grillade et nappez-les de la moitié de la vinaigrette.
Posez la planche sur la grille de cuisson, du côté opposé à la source de chaleur. Rabattez le couvercle de l'appareil et laissez cuire 45 min ; la partie la plus épaisse du poisson doit s'effilocher à la fourchette. Servez sans attendre, accompagné du reste de vinaigrette.

Voir variantes p. 202

Cabillaud et pommes de terre nouvelles au beurre d'oignon

Pour 4 personnes

Cette recette pleine de saveurs évoque la plage et l'été. Le beurre d'oignon permet au poisson de conserver tout son moelleux pendant sa cuisson.

Pour le beurre d'oignon
100 g (1/2 tasse) de beurre
100 g (1/2 tasse) d'oignons nouveaux, finement émincés
5 cl (1/4 tasse) de vin blanc sec
Sel fin et poivre noir, fraîchement moulu
2 planches à grillade, trempées dans l'eau au moins 30 min
4 filets (175 à 225 g, 6 à 8 oz) de cabillaud, rincés et essuyés
450 g (1 lb) de pommes de terre nouvelles, brossées et coupées en quatre
Persil plat, finement ciselé

Préparez le barbecue pour une cuisson indirecte (allumez le feu d'un seul côté de la cuve). À l'aide d'un robot électrique, mixez le beurre, les oignons nouveaux et le vin jusqu'à obtention d'un mélange lisse. Salez et poivrez à votre convenance. Disposez le poisson sur les planches et répartissez-y les pommes de terre. Recouvrez le tout du beurre d'oignon, salez et poivrez à votre goût.

Posez les planches sur la grille de cuisson, du côté opposé à la source de chaleur. Rabattez le couvercle du barbecue et laissez cuire 45 min ; la partie la plus épaisse du poisson doit s'effilocher à la fourchette. Parsemez de persil plat.

Voir variantes p. 203

Variantes

Crevettes au beurre bistro

Voir recette de base p. 179

Pétoncles au beurre bistro
Suivez la recette de base, en remplaçant les grosses crevettes par des pétoncles.

Crevettes sauce satay
Suivez la recette de base, en remplaçant le beurre bistro par de la sauce satay (p. 169). Parsemez de coriandre finement ciselée avant de servir.

Crevettes sauce verte aux câpres
Suivez la recette de base, en remplaçant le beurre bistro par de la sauce verte aux câpres (p. 261).

Crevettes grillées à l'orientale
Suivez la recette de base, en remplaçant le beurre bistro par de la vinaigrette asiatique (p. 27) ou par 10 cl (3/8 tasse) de sauce teriyaki du commerce.

Variantes

Saumon sauce chimichurri

Voir recette de base p. 180

Saumon en vinaigrette à la tomate
Suivez la recette de base, en remplaçant la sauce chimichurri par de la sauce vinaigrette à la tomate et aux herbes (p. 258).

Saumon sauce verte aux câpres
Suivez la recette de base, en remplaçant la sauce chimichurri par de la sauce verte aux câpres (p. 261).

Saumon en beurre au citron vert et au piment
Suivez la recette de base, en remplaçant la sauce chimichurri par du beurre au citron vert et au piment (p. 257). Garnissez le poisson de 225 g (1 tasse) de tomate fraîche concassée, 50 g (3/4 tasse) de coriandre ciselée et 100 g (1/2 tasse) d'oignons nouveaux ciselés avant de le faire griller.

Saumon en aïoli à la moutarde et à l'aneth
Suivez la recette de base, en remplaçant la sauce chimichurri par de l'aïoli minute (p. 275), agrémenté de 2 c. à s. de moutarde de Dijon et 1 c. à t. d'aneth séché. Parsemez le poisson d'aneth frais avant de le faire griller.

Variantes

Lotte au beurre de macadamia

Voir recette de base p. 183

Turbot au beurre de pistache
Suivez la recette de base, en remplaçant la lotte par des filets de turbot débarrassés de leur peau et les noix de macadamia par des pistaches grillées, décortiquées et concassées. Faites cuire le poisson 30 min.

Sandre au beurre de pécan
Suivez la recette de base, en remplaçant la lotte par des filets de sandre ou d'un autre poisson d'eau douce et les noix de macadamia par des noix de pécan grillées et concassées. Faites cuire le poisson 45 min.

Truite au beurre de coriandre
Suivez la recette de base, en remplaçant la lotte par des filets de truite ou d'un autre poisson d'eau douce et les noix de macadamia par 25 g (3/8 tasse) de coriandre finement ciselée. Faites cuire le poisson 45 min.

Sole au beurre d'orange
Suivez la recette de base, en remplaçant la lotte par des filets de sole et les noix de macadamia par 1 c. à s. de zeste d'orange râpé et 1 c. à t. d'estragon séché. Faites cuire le poisson 30 min. Servez accompagné de rondelles d'orange et de brins d'estragon.

Variantes

Bar au bois d'aulne, glaçage à l'artichaut

Voir recette de base p. 184

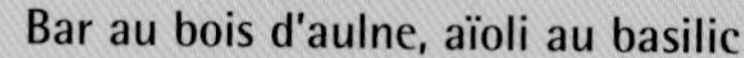

Bar au bois d'aulne, aïoli au basilic
Suivez la recette de base, en remplaçant le glaçage à l'artichaut par de l'aïoli au basilic. Préparez un aïoli minute (p. 275), auquel vous ajouterez 25 g (3/8 tasse) de basilic finement ciselé.

Bar au bois d'aulne, glaçage au poivron rouge
Suivez la recette de base, en réalisant le glaçage avec des poivrons rouges grillés en conserve, soigneusement égouttés, en lieu et place des artichauts.

Perche au pesto
Suivez la recette de base, en remplaçant le glaçage à l'artichaut par 50 g (1/8 tasse) de pesto et le bar par des filets de perche. Agrémentez le tout de rondelles de tomate.

Colin à la harissa, sauce aux fruits frais
Suivez la recette de base, en remplaçant le glaçage à l'artichaut par 50 g (1/8 tasse) de harissa du commerce et le bar par des filets de colin. Accompagnez de sauce à la mangue et au citron vert (p. 265) ou de sauce à la papaye et au citron vert (p. 277).

Variantes

Tapas de colin grillé

Voir recette de base p. 186

Colin grillé à la grecque
Suivez la recette de base, en remplaçant le poivron rouge par 100 g (1 tasse) d'olives noires hachées. Ajoutez à la garniture 100 g (1 tasse) de concombre épépiné et coupé en dés, et 1 c. à t. d'origan séché.

Colin grillé à l'orientale
Suivez la recette de base, en remplaçant la garniture par 50 g (1/8 tasse) de miso et 100 g (1 tasse) d'oignons nouveaux émincés.

Colin grillé à la provençale
Suivez la recette de base, en remplaçant le poivron rouge par 100 g (1 tasse) de fenouil frais finement ciselé et le vinaigre par du jus de citron frais. Ajoutez à la garniture 1 c. à t. d'estragon.

Colin grillé à la mexicaine
Suivez la recette de base, en remplaçant le poivron rouge par 50 g (1/4 tasse) de piments jalapeños, épépinés et émincés, et 100 g (1 tasse) de tomate fraîche concassée. Remplacez aussi le vinaigre par du jus de citron vert. Ajoutez à la garniture 1 c. à t. de cumin moulu et 1 c. à t. d'origan séché.

Variantes

Thon à la niçoise

Voir recette de base p. 187

Saumon à la niçoise
Suivez la recette de base, en remplaçant les steaks de thon par 1 filet de saumon débarrassé de sa peau. Faites-le cuire 45 min. Découpez en 4 morceaux avant de servir.

Crevettes à la niçoise
Suivez la recette de base, en remplaçant le thon par450 g (1 lb) de grosses crevettes décortiquées et nettoyées, que vous ferez cuire 30 min.

Thon à la niçoise au barbecue
Suivez la recette de base, en supprimant la planche à grillade. Préparez un feu vif dans le barbecue. Faites cuire les haricots à la vapeur ; ils doivent rester croquants. Badigeonnez le thon de vinaigrette, puis faites-le cuire 2 à 4 min de chaque côté, selon le degré de cuisson requis.

Saumon à la niçoise au barbecue
Suivez la recette de base, en supprimant la planche à grillade et en remplaçant le thon par 1 filet de saumon. Préparez un feu vif dans le barbecue. Faites cuire les haricots à la vapeur ; ils doivent rester croquants. Badigeonnez bien le saumon de vinaigrette, puis faites-le cuire 3 à 4 min de chaque côté, en le retournant une fois en cours de cuisson.

Variantes

Églefin grillé, sauce à l'ananas

Voir recette de base p. 188

Églefin grillé, sauce à la mangue et au piment
Suivez la recette de base, en remplaçant la sauce à l'ananas et au citron vert par de la sauce à la mangue et au piment (p. 123).

Églefin grillé, sauce à la mangue et au citron vert
Suivez la recette de base, en remplaçant la sauce à l'ananas et au citron vert par de la sauce à la mangue et au citron vert (p. 265).

Crevettes grillées, sauce à la mangue et au citron vert
Suivez la recette de base, en remplaçant l'églefin par des crevettes géantes, décortiquées et nettoyées, et la sauce à l'ananas et au citron vert par de la sauce à la mangue et au citron vert (p. 265). Faites cuire les crevettes 20 min environ ; elles doivent devenir roses et opaques.

Pétoncles grillés, sauce au melon et au citron vert
Suivez la recette de base, en remplaçant l'églefin par des pétoncles moyens et la sauce à l'ananas et au citron vert par de la sauce au melon et au citron vert (p. 277). Faites cuire les pétoncles 20 min environ ; ils sont prêts quand ils sont fermes et opaques.

Variantes

Vivaneau fumé au citron et à l'estragon

Voir recette de base p. 190

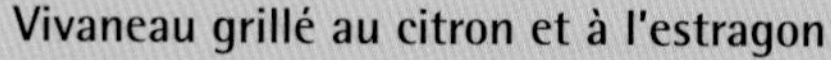

Vivaneau grillé au citron et à l'estragon
Suivez la recette de base, en supprimant les copeaux de bois.

Pétoncles fumés au citron et à l'estragon
Suivez la recette de base, en remplaçant le vivaneau par 900 g (2 lb) de pétoncles moyens, rincés et essuyés. Faites fondre le beurre au citron et à l'estragon, et mettez-y les pétoncles à revenir. Disposez-les ensuite sur les planches. Laissez cuire 20 min environ ; les pétoncles doivent devenir d'un rose opaque.

Crevettes fumées au citron et à l'estragon
Suivez la recette de base, en remplaçant le vivaneau par 900 g (2 lb) de grosses crevettes décortiquées, rincées et essuyées. Faites fondre le beurre au citron et à l'estragon, et mettez-y les crevettes à revenir. Disposez-les ensuite sur les planches. Laissez cuire 20 min environ ; les crevettes doivent devenir d'un rose opaque.

Saumon fumé au citron et à l'estragon
Suivez la recette de base, en remplaçant le vivaneau par du saumon.

Variantes

Roulade de limande-sole sur planche de cèdre

Voir recette de base p. 191

Roulade de limande-sole à la méditerranéenne
Suivez la recette de base, en remplaçant le glaçage à l'artichaut par 50 g (1/4 tasse) de pesto du commerce.

Roulade de limande-sole aux poivrons rouges
Suivez la recette de base, en remplaçant le glaçage à l'artichaut par 50 g (1/4 tasse) de purée de poivrons au basilic (p. 164).

Roulade de limande-sole à la provençale
Suivez la recette de base, en remplaçant le glaçage à l'artichaut par 50 g (1/4 tasse) de tapenade du commerce.

Roulade de limande-sole en aïoli au basilic
Suivez la recette de base, en remplaçant le glaçage à l'artichaut par 50 g (1/4 tasse) d'aïoli au basilic (p. 197).

Variantes

Cabillaud et pommes de terre nouvelles au beurre d'oignon

Voir recette de base p. 192

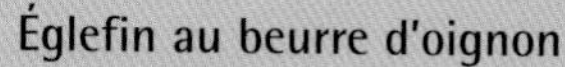

Églefin au beurre d'oignon
Suivez la recette de base, en remplaçant le cabillaud par de l'églefin.

Bar au beurre d'oignon aux trois poivrons
Suivez la recette de base, en remplaçant le cabillaud par du bar. Ajoutez au beurre d'oignon 50 g (1/4 tasse) chacun de poivron rouge, de poivron vert et de poivron jaune, avant de l'étaler sur le poisson.

Empereur au beurre de citron à l'estragon
Suivez la recette de base, en remplaçant le cabillaud par de l'empereur et le beurre d'oignon par du beurre de citron à l'estragon (p. 190).

Cabillaud au beurre de macadamia
Suivez la recette de base, en remplaçant le beurre d'oignon par du beurre de macadamia (p. 183).

Rôtissage

La cuisson à four très chaud, comme la cuisson au barbecue sur des braises vives, convient tout particulièrement aux produits de la mer, qui sont ainsi croustillants à l'extérieur et moelleux à cœur. Profitez de ce que le four est allumé pour y faire cuire quelques légumes. Accompagnez le tout d'une sauce facile à réaliser, et le festin est prêt !

Crevettes et asperges rôties

Pour 4 personnes

Voici un excellent choix pour un dîner vite prêt ou une entrée raffinée. Il vous suffit d'accompagner la préparation d'une ou deux sauces de votre choix. Parmi celles qui se marient le mieux avec les crevettes et les asperges, citons l'aïoli au basilic (p. 197), la mayonnaise au soya et au sésame (p. 275), la vinaigrette asiatique (p. 27) ou encore la sauce satay (p. 169). Pour débarrasser les asperges de leur extrémité dure, prenez-les du côté pointe, que vous courberez jusqu'à ce qu'il casse. N'utilisez que les pointes.

450 g (1 lb) de pointes d'asperges
Huile d'olive
Sel fin et poivre noir, fraîchement moulu
16 à 24 grosses crevettes crues, décortiquées, rincées et essuyées
Sauce de votre choix

Préchauffez le four à 400 °F (200 °C). Mettez les asperges dans un grand saladier et arrosez-les d'huile d'olive. Mélangez bien. Disposez-les, sans les faire se chevaucher, dans un plat de cuisson. Salez et poivrez à votre convenance. Enfournez pour 10 min ; les asperges doivent être à la fois tendres et croquantes, et légèrement dorées.

Mettez les crevettes dans un grand saladier et arrosez-les d'huile d'olive. Disposez-les dans un plat de cuisson et assaisonnez-les à votre convenance. Enfournez-les pour 5 à 6 min ; elles doivent prendre une teinte rose opaque.

Disposez les asperges et les crevettes dans un plat et servez-les (chaudes ou à température ambiante) avec la sauce de votre choix.

Voir variantes p. 220

Huîtres rôties, fondue de poireaux

Pour 4 personnes

Aussi original que savoureux, ce plat fera à coup sûr le ravissement de vos convives. Accompagnez-le de pain bien croustillant, pour saucer le délicieux jus de cuisson.

3 gros poireaux, coupés, lavés et détaillés en fines rondelles
100 g (1/2 tasse) de beurre, fondu
900 g (2 lb) d'huîtres, débarrassées de leur coquille (réservez l'eau de dégorgement)
Sel fin et poivre noir, fraîchement moulu

Préchauffez le four à 400 °F (200 °C). Disposez les poireaux dans un grand plat de cuisson. Arrosez-les de beurre fondu et enfournez-les pour 5 min. Sortez le plat du four, mouillez avec l'eau des huîtres et enfournez pour 10 min supplémentaires ; les poireaux doivent être tendres. Sortez le plat du four. Salez et poivrez à votre convenance.
Glissez les huîtres sous les poireaux et repassez le plat au four pour 10 min environ ; le bord des huîtres doit légèrement se recourber. Servez à l'assiette.

Voir variantes p. 221

Petits poulpes rôtis, marinade au xérès

Pour 8 personnes en entrée

Accompagnez ce plat d'un bon verre de xérès, pour faire écho à la marinade. Les poulpes doivent être cuits rapidement, à feu vif, sous peine de devenir spongieux.

Pour la marinade au xérès
5 cl (1/4 tasse) d'huile d'olive
5 cl (1/4 tasse) de xérès sec
6 gousses d'ail, émincées
1 c. à t. de paprika
1/2 c. à t. de sel fin

900 g (2 lb) de petits poulpes, rincés et essuyés
8 tomates fraîches, coupées en deux
225 g (1 tasse) d'olives noires, coupées en deux
100 g (1/2 tasse) d'olives vertes farcies au poivron, égouttées et émincées
25 g (3/8 tasse) de persil, finement ciselé

Préparez la marinade. Mélangez tous les ingrédients dans un sac en plastique alimentaire muni d'une fermeture zippée. Versez la moitié de la préparation dans un autre contenant. Ajoutez les poulpes dans le sac, fermez-le hermétiquement et réservez au réfrigérateur 12 h environ.

Préchauffez le four à 450 °F (230 °C). Disposez les tomates dans un grand plat de cuisson et arrosez-les avec le quart de la marinade réservée. Enfournez pour 10 min ; les tomates doivent être tendres et dorées. Sortez les poulpes de leur marinade et transférez-les dans le plat de cuisson avec les tomates (sans les éponger). Enfournez pour 3 à 5 min de plus ; les poulpes doivent être blancs et opaques.

Mélangez les poulpes et les tomates avec le reste de marinade et les olives. Répartissez dans des assiettes individuelles et parsemez de persil.

Voir variantes p. 222

Lotte en croûte de noix de pécan, maïs au four

Pour 4 personnes

Servez ce plat accompagné de pain au maïs, selon les habitudes en cours dans le delta du Mississippi, d'où il est originaire.

Pour la garniture au maïs
450 g (2 tasses) de maïs
225 g (1 tasse) de tomates cerises, coupées en deux
225 g (1 tasse) de poivrons rouges ou verts, émincés
100 g (½ tasse) d'oignons nouveaux, émincés
3 c. à s. d'huile d'olive
2 c. à s. de vinaigre de vin rouge
Sel fin et poivre noir, fraîchement moulu
225 g (2 ¼ tasses) de chapelure
50 g (¼ tasse) de noix de pécan, concassées
1 c. à s. d'huile d'olive + un peu pour arroser
2 c. à s. d'eau
4 filets de lotte, débarrassés de leur peau

Préchauffez le four à 425 °F (220 °C). Dans un grand saladier, mettez le maïs, les tomates, les poivrons et les oignons. Arrosez d'huile et de vinaigre, et mélangez. Salez et poivrez à votre convenance. Tapissez le fond d'un plat de cuisson de ce mélange.

Dans un petit saladier, mélangez la chapelure, les noix de pécan, l'huile d'olive et l'eau. Salez et poivrez à votre convenance. Garnissez le dessus de chaque filet de lotte de cette préparation.

Disposez les filets de poisson dans le plat de cuisson, sur le maïs. Arrosez le tout d'un trait d'huile d'olive et enfournez pour 10 à 12 min ; la partie la plus épaisse du poisson doit s'effilocher à la fourchette.

Voir variantes p. 223

Cabillaud rôti, sauce romesco

Pour 4 personnes

Servez ce plat – une spécialité catalane – avec du bon pain croustillant, pour saucer le jus de cuisson. La sauce romesco, joliment colorée, sert également, ici, de légume d'accompagnement.

Pour la sauce romesco
100 g (5/8 tasse) d'amandes, grillées
1 tranche de pain de mie blanc, grillée et émiettée
2 poivrons rouges, rôtis, épépinés et pelés
1 c. à s. de persil, finement ciselé
2 gousses d'ail, émincées
1/2 c. à t. de copeaux de piment rouge
1/4 de c. à t. de sel fin
1/4 de c. à t. de poivre noir, fraîchement moulu
10 cl (3/8 tasse) de vinaigre de vin rouge
15 cl (5/8 tasse) d'huile d'olive extravierge

1 courgette moyenne, coupée en fines rondelles
1 oignon rouge, coupé en très fines rondelles
Huile d'olive
Sel fin et poivre noir, fraîchement moulu
4 filets de cabillaud

Préparez la sauce. À l'aide d'un robot électrique, réduisez les amandes en poudre. Ajoutez le pain grillé, les poivrons, le persil, l'ail, les copeaux de piment, le sel et le poivre. Pulsez de nouveau, jusqu'à obtention d'un ensemble lisse. Incorporez-y le vinaigre, puis, tout en laissant tourner le moteur, versez-y l'huile d'olive en mince filet et continuez de mixer jusqu'à obtention d'un ensemble homogène.
Préchauffez le four à 425 °F (220 °C). Disposez les rondelles de courgette et d'oignon dans un plat de cuisson ; arrosez d'huile d'olive, puis salez et poivrez à votre convenance. Posez les filets de poisson sur les légumes, arrosez d'huile d'olive et assaisonnez. Enfournez pour 10 min ; la partie la plus épaisse des filets doit s'effilocher à la fourchette. Servez le tout accompagné de sauce romesco.

Voir variantes p. 224

Turbot rôti à la jamaïcaine

Pour 4 personnes

Ces poissons cuits au four, agrémentés de la très caractéristique sauce jerk, d'origine jamaïcaine, fleurent bon le parfum des îles. Vous pouvez substituer aux piments rouges frais, souvent assez forts, des piments confits à l'huile, égouttés. Régalez-vous !

Pour la sauce jerk
1 oignon jaune moyen, finement émincé
4 oignons nouveaux, finement émincés
4 brins de thym frais ou 2 c. à t. de thym séché
10 grains de quatre-épices
1 c. à s. de sel fin
1 c. à s. de poivre noir, fraîchement moulu
4 gousses d'ail, finement émincées
2 piments rouges frais, équeutés, épépinés et émincés
5 cl (1/4 tasse) de sauce piquante du commerce

4 petits turbots (450 g, 1 lb), parés (tête et queue conservées)

Préchauffez le four à 425 °F (220 °C). Dans un saladier, mélangez bien tous les ingrédients de la sauce jerk, puis farcissez les poissons de ce mélange.
Disposez les turbots dans un plat de cuisson et couvrez de papier d'aluminium. Enfournez pour 30 à 35 min ; la partie la plus épaisse des poissons doit s'effilocher à la fourchette.

Voir variantes p. 225

Pesce al forno

Pour 8 à 10 personnes

Les poissons entiers qui seraient trop petits pour être grillés, mais trop gros pour être frits, se prêtent bien à ce genre de préparation. Croustillants à l'extérieur, moelleux à cœur et très parfumés, ils libèrent un délicieux jus de cuisson, qu'il serait dommage de ne pas saucer ! Prévoyez du bon pain croustillant pour accompagner ce plat.

700 g (25 oz) de petits poissons entiers (type sardines, truites, chinchards, maquereaux)
5 c. à s. d'huile d'olive
2 feuilles de laurier
4 c. à s. de chapelure
25 g (3/8 tasse) de persil, finement ciselé
1 c. à t. d'origan séché
1 c. à t. de zeste de citron, râpé
10 cl (3/8 tasse) de vin blanc sec

Préchauffez le four à 425 °F (220 °C). Coupez la tête des poissons. Mettez chaque poisson sur le plan de travail, face coupée vers le bas, et pressez avec les deux mains pour l'ouvrir à la manière d'un livre. Aplatissez-le bien. Avec vos doigts, retirez-en l'arête centrale, puis coupez-en la queue.

Arrosez le fond d'un plat de cuisson de 2 c. à s. d'huile d'olive et ajoutez le laurier. Disposez-y les poissons, côté peau au-dessus, en les tassant bien. Dans un petit saladier, mélangez l'huile d'olive restante avec la chapelure, le persil, l'origan et le zeste de citron. Nappez les poissons de ce mélange. Arrosez-les de vin. Enfournez pour 18 à 20 min ; la partie la plus épaisse des poissons doit s'effilocher à la fourchette.

Voir variantes p. 226

Maquereau rôti à la coriandre et au laurier

Pour 4 à 6 personnes

Les poissons gras, comme le maquereau, sont meilleurs agrémentés d'une tombée de vinaigre et de quelques herbes aromatiques. Il faut les enfourner à four froid.

75 g (1/3 tasse) de beurre, ramolli
20 feuilles de laurier, ciselées
2 c. à s. de graines de coriandre
2 c. à s. de gros sel
3 maquereaux entiers (500 g, 18 oz), parés (tête et queue conservées)
1 citron, finement émincé
25 cl (1 tasse) de vinaigre à l'estragon
6 grains de poivre noir
Sel fin

Tapissez le fond d'un plat de cuisson de 2 c. à s. de beurre. Dans un saladier, mélangez le reste de beurre, le laurier, les graines de coriandre et le gros sel. Garnissez l'intérieur des poissons de la moitié de cette préparation, ainsi que de rondelles de citron. Disposez les maquereaux dans un plat de cuisson. Enduisez-les du reste de beurre à la coriandre. Glissez le plat dans le four froid, que vous ferez ensuite chauffer à 450 °F (230 °C). Faites cuire 30 min ; la partie la plus épaisse des poissons doit s'effilocher à la fourchette.
Transférez les poissons dans un plat de service et couvrez de papier d'aluminium. Versez le jus de cuisson dans une grande casserole. Faites chauffer à feu vif, avec le vinaigre, le poivre noir et le sel. Laissez frémir 1 min environ. Arrosez les maquereaux de cette sauce et servez sans attendre.

Voir variantes p. 227

Truite basquaise

Pour 4 personnes

Des Pyrénées jusqu'à la Cantabrie, les Basques ont investi les montagnes sauvages. Leur cuisine, très typique, met à l'honneur les animaux qu'ils élèvent (l'agneau et le porc, en particulier) ou le fruit de leur pêche.

5 cl (1/4 tasse) d'huile d'olive
2 oignons moyens, émincés
2 gousses d'ail, émincées
100 g (1/2 tasse) de poivrons en conserve, émincés
225 g (1 tasse) de tomates fraîches ou en conserve, concassées
1 c. à t. de paprika fumé ou nature
50 g (3/4 tasse) de persil plat, finement ciselé
4 petites truites entières, vidées (tête et queue coupées)
10 cl (3/8 tasse) de vin blanc sec

Préchauffez le four à 425 °F (220 °C). Dans un saladier, mélangez l'huile d'olive, les oignons, l'ail, les poivrons, les tomates, le paprika et le persil. Garnissez les poissons de ce mélange, puis mettez-les dans un grand plat de cuisson. Mouillez avec le vin et recouvrez de papier d'aluminium. Enfournez le tout pour 30 à 35 min ; la partie la plus épaisse des poissons doit s'effilocher à la fourchette.

Voir variantes p. 228

Bar rôti à la coréenne

Pour 4 personnes

Le bar cuit au four est absolument délicieux. Le kimchee, sorte de chou confit, spécialité coréenne, se trouve désormais dans la plupart des épiceries asiatiques.

4 filets (175 g, 6 oz chacun) de bar, rincés et essuyés
450 g (1 lb) de kimchee, grossièrement haché

Pour la sauce au kochukaru
5 cl (1/4 tasse) de sauce soya
1 c. à s. de sucre
1 c. à s. de vin de riz de Shaoxing
2 c. à t. de d'huile de sésame
2 c. à s. de kochukaru (copeaux de piment coréen)
Sel fin et poivre noir, fraîchement moulu

Préchauffez le four à 425 °F (220 °C). Disposez les filets de poisson dans un plat de cuisson et recouvrez-les de kimchee. Enfournez pour 20 à 25 min ; la partie la plus épaisse des filets doit s'effilocher à la fourchette.

Dans une casserole, portez à ébullition la sauce soya, le sucre et le vin de riz. Mélangez bien pour dissoudre le sucre. Sortez la casserole du feu, ajoutez-y l'huile de sésame et les copeaux de piment. Salez et poivrez à votre convenance. Nappez le poisson de cette sauce et servez.

Voir variantes p. 229

Variantes

Crevettes et asperges rôties

Voir recette de base p. 205

Crevettes et poivrons rôtis à la créole
Suivez la recette de base, en agrémentant les crevettes d'épices créoles. Remplacez les asperges par des poivrons rouges, verts et jaunes, émincés. Garnissez 4 petits pains de sauce verte aux câpres (p. 261), puis de crevettes et de poivrons. Ajoutez de la salade verte et des tomates coupées en fines rondelles.

Crevettes et asperges rôties, sauce hollandaise à l'orange
Accompagnez le plat de sauce hollandaise à l'orange (p. 276).

Pétoncles et asperges rôtis
Suivez la recette de base, en remplaçant les crevettes par des pétoncles moyens. Enfournez pour 5 à 6 min ; les pétoncles doivent être opaques et fermes au toucher.

Bruschettas aux crevettes
Suivez la recette de base, en supprimant les asperges. Mixez 50 g (1/4 tasse) de purée de courge du commerce, 50 g (1/4 tasse) de fromage de chèvre frais, 1 petit piment chipotle, 1 c. à s. de miel et 1 c. à s. de vinaigre de cidre, jusqu'à obtention d'un ensemble bien lisse. Tartinez les tranches de pain grillé de ce mélange. Garnissez de crevettes et parsemez de coriandre finement ciselée.

Variantes

Huîtres rôties, fondue de poireaux

Voir recette de base p. 206

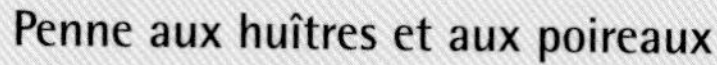

Penne aux huîtres et aux poireaux

Suivez la recette de base, en utilisant de toutes petites huîtres. Portez à ébullition un grand volume d'eau salée et plongez-y 450 g (2 tasses) de penne ; les pâtes doivent être *al dente*. Égouttez-les, puis mélangez-les avec les huîtres et les poireaux. Parsemez le tout de parmesan.

Huîtres rôties aux poireaux et aux pommes de terre nouvelles

Suivez la recette de base, en ajoutant aux poireaux 225 g (8 oz) de pommes de terre nouvelles, brossées et coupées en quatre, avant d'enfourner.

Soupe épaisse aux huîtres et aux poireaux

Suivez la recette de base. Ajoutez aux poireaux 50 cl (2 tasses) de sauce blanche. Glissez les huîtres sous les poireaux, puis enfournez ; le bord des huîtres doit s'ourler légèrement. Servez à l'assiette, accompagné de biscuits salés ou de pain grillé.

Crevettes rôties, fondue de poireaux

Suivez la recette de base, en remplaçant l'eau des huîtres par 10 cl (3/8 tasse) de vin blanc sec et les huîtres par de grosses crevettes, décortiquées et nettoyées.

Variantes

Petits poulpes rôtis, marinade au xérès

Voir recette de base p. 209

Petites seiches rôties, marinade au xérès
Suivez la recette de base, en remplaçant les poulpes par des seiches.

Petits calmars rôtis, marinade au xérès
Suivez la recette de base, en remplaçant les poulpes par des calmars (sans la tête).

Crevettes rôties, marinade au xérès
Suivez la recette de base, en remplaçant les poulpes par de grosses crevettes crues, décortiquées et nettoyées. Enfournez pour 5 à 7 min ; les crevettes doivent devenir d'un rose opaque.

Pétoncles rôtis, marinade au xérès
Suivez la recette de base, en remplaçant les poulpes par des pétoncles moyens. Avant de les enfourner, ajoutez aux tomates 225 g (1 tasse) de courgettes coupées en dés et 1 oignon grossièrement émincé.

Variantes

Lotte en croûte de noix de pécan, maïs au four

Voir recette de base p. 210

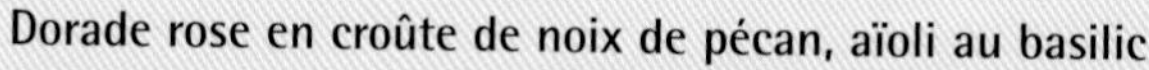

Dorade rose en croûte de noix de pécan, aïoli au basilic
Suivez la recette de base, en supprimant la garniture au maïs et en remplaçant la lotte par autant de dorade. Servez accompagné d'aïoli au basilic (p. 197).

Saumon en croûte d'amandes, maïs au four
Suivez la recette de base, en remplaçant la lotte par du saumon et les noix de pécan par des amandes concassées.

Flétan en croûte de noix de pécan, poivrons rouges au four
Suivez la recette de base, en remplaçant la lotte par du flétan et le maïs par des poivrons rouges émincés.

Carrelet à l'artichaut, maïs au four
Suivez la recette de base, en remplaçant la lotte par du carrelet et la pâte aux noix de pécan par du glaçage à l'artichaut (p. 184).

Variantes

Cabillaud rôti, sauce romesco

Voir recette de base p. 212

Crevettes rôties, sauce romesco
Suivez la recette de base, en remplaçant le cabillaud par de grosses crevettes décortiquées et nettoyées. Enfournez pour 8 à 10 min ; les crevettes doivent être d'un rose opaque.

Flétan rôti, sauce romesco
Suivez la recette de base, en remplaçant le cabillaud par du flétan.

Soupe de cabillaud rôti à la rouille
Suivez la recette de base, en remplaçant la sauce romesco par de la rouille (p. 275). Servez les légumes et le poisson dans des assiettes creuses. Arrosez du bouillon chaud. Parsemez d'un peu de rouille.

Soupe de cabillaud et de crevettes rôtis à la rouille
Suivez la recette de base, en remplaçant la moitié du cabillaud par de grosses crevettes décortiquées et nettoyées, et la sauce romesco par de la rouille (p. 275). Enfournez pour 8 à 10 min ; les crevettes doivent être d'un rose opaque. Servez dans des assiettes creuses. Arrosez du bouillon chaud, puis parsemez d'un peu de rouille.

Variantes

Turbot rôti à la jamaïcaine

Voir recette de base p. 213

Turbot rôti à l'espagnole, marinade au xérès

Suivez la recette de base, en supprimant la sauce jerk. Mélangez la marinade au xérès (p. 209) avec un hachis de 225 g (1 tasse) d'olives noires et 225 g (1 tasse) d'olives vertes farcies au poivron. Garnissez-en les turbots, couvrez et enfournez.

Turbot rôti à la provençale

Suivez la recette de base, en supprimant la sauce jerk. Farcissez chaque poisson de 4 brins d'estragon et de 4 tranches de citron. Salez et poivrez, puis arrosez (intérieur comme extérieur) de 25 g (1/8 tasse) de beurre fondu. Couvrez et enfournez.

Turbot rôti, sauce au persil

Suivez la recette de base, en supprimant la sauce jerk. Farcissez chaque poisson de 4 brins de persil et de 4 tranches de citron. Salez et poivrez, puis arrosez (intérieur comme extérieur) de 25 g (1/8 tasse) de beurre fondu. Couvrez et enfournez. Faites chauffer 50 cl (2 tasses) de sauce blanche avec du fromage râpé et du persil ciselé. Accompagnez le poisson de cette sauce.

Saumon rôti, sauce jerk

Suivez la recette de base, en enduisant 1 filet de saumon entier de sauce jerk. Couvrez et enfournez pour 20 min.

Variantes

Pesce al forno

Voir recette de base p. 214

Filets de poisson al forno
Suivez la recette de base, en remplaçant les poissons entiers par 700 g (1 ½ lb) de filets de poisson. Enfournez pour 10 à 12 min ; la partie la plus épaisse des filets doit s'effilocher à la fourchette.

Crevettes al forno
Suivez la recette de base, en remplaçant les poissons entiers par 700 g (1 ½ lb) de grosses crevettes crues, décortiquées et nettoyées. Enfournez pour 8 à 10 min ; les crevettes doivent être roses et opaques.

Homard al forno
Suivez la recette de base, en utilisant 4 queues de homard. Demandez à votre poissonnier de vous procurer des homards vivants et de couper les queues pour vous. Disposez les queues dans le plat de cuisson avec les autres ingrédients. Enfournez pour 10 à 12 min ; la chair de homard doit être blanche et opaque, et les carapaces doivent être rouges.

Pesce al forno géant
Suivez la recette de base, en remplaçant les petits poissons par une grosse pièce entière. Enfournez pour 22 min ; la partie la plus épaisse du poisson doit s'effilocher à la fourchette.

Variantes

Maquereau rôti à la coriandre et au laurier

Voir recette de base p. 216

Chinchard rôti à la coriandre et au laurier
Suivez la recette de base, en remplaçant les maquereaux par des chinchards.

Sardines rôties à la coriandre et au laurier
Suivez la recette de base, en remplaçant les maquereaux par de grosses sardines. Enfournez pour 30 à 35 min ; la partie la plus épaisse des sardines doit s'effilocher à la fourchette.

Daurade royale, marinade au xérès
Suivez la recette de base, en remplaçant les maquereaux par 1 daurade royale et en préparant une marinade au xérès (p. 209). Badigeonnez-en le poisson (intérieur comme extérieur), puis versez le reste de marinade dans le plat de cuisson. Enfournez pour 30 à 35 min ; la partie la plus épaisse du poisson doit s'effilocher à la fourchette.

Thon rôti à la coriandre et au laurier
Suivez la recette de base, en remplaçant les maquereaux par des steaks de thon.

Variantes

Truite basquaise

Voir recette de base p. 217

Truite rôtie au bacon
Suivez la recette de base, en enveloppant chaque truite de 1 tranche de bacon avant de l'enfourner. Retirez la feuille de papier d'aluminium 10 min avant la fin du temps de cuisson indiqué et finissez de cuire le poisson à découvert.

Truite façon tapas
Suivez la recette de base, en remplaçant le mélange huile d'olive, oignon, ail, tomates, poivron rouge et persil par la garniture façon tapas de la p. 186.

Truite à l'asiatique
Suivez la recette de base, en remplaçant le mélange huile d'olive, oignon, ail, tomates, poivron rouge et persil par 100 g (½ tasse) d'oignons nouveaux finement émincés, 100 g (½ tasse) de haricots noirs fermentés et 2 c. à s. de gingembre frais râpé, dont vous farcirez les poissons. Remplacez le vin blanc par du saké ou par du vin de riz de Shaoxing.

Truite à la mexicaine
Suivez la recette de base, en remplaçant le mélange huile d'olive, oignon, ail, tomates, poivron rouge et persil par 50 cl (2 tasses) de sauce tomate fraîche. Remplacez le vin blanc par de la tequila.

Variantes

Bar rôti à la coréenne

Voir recette de base p. 218

Bar en papillote à la coréenne

Suivez la recette de base, en disposant chaque filet sur un carré de papier sulfurisé de 40 cm (16 po) de côté. Couvrez chaque filet de kimchee, puis refermez la papillote. Enfournez pour 20 min. Servez la sauce à part.

Daurade royale rôtie, beurre aux trois poivrons

Suivez la recette de base, en remplaçant le bar par de la daurade royale. Supprimez la sauce. Disposez chaque filet sur un carré de papier sulfurisé de 40 cm (16 po) de côté. Ajoutez à un beurre d'oignon (p. 192) 50 g (½ tasse) de poivrons vert, rouge et jaune, coupés en lamelles. Recouvrez les filets de poisson de cette préparation, puis refermez les papillotes avant d'enfourner.

Vivaneau au beurre de citron à l'estragon

Suivez la recette de base, en remplaçant le bar par du vivaneau et le kimchee par du beurre de citron à l'estragon (p. 190). Supprimez la sauce.

Bar rôti façon tapas

Suivez la recette de base, en remplaçant le kimchee par la garniture façon tapas de la p. 186. Supprimez la sauce.

Fumage

Pendant des siècles, poissons et crustacés ont été salés et séchés ou fumés, afin de les conserver en prévision des mois d'hiver, quand la pêche était trop périlleuse. Aujourd'hui, les aliments fumés sont appréciés de tous sous diverses formes – nature, en soupe, en sauce ou en dip.

Crevettes fumées en habit vert, sauce verte aux câpres

Pour 6 personnes

Voici une version revue et corrigée des classiques crevettes-sauce cocktail !

24 grosses crevettes, décortiquées, rincées et essuyées
24 petites pousses d'épinards, rincées et essuyées
Huile d'olive
Sel fin
6 piques (30 cm, 12 po de long) en bambou, trempées 30 min dans l'eau froide
1 poignée de copeaux de bois dur (mesquite, noyer ou aulne)
Sauce verte aux câpres (p. 261)

Préparez le barbecue pour une cuisson indirecte (allumez le feu d'un seul côté de la cuve). Entourez les crevettes, dans leur partie centrale, de 1 pousse d'épinard, puis enfilez-les sur les piques en bois. Badigeonnez-les d'huile d'olive et salez.
Si vous disposez d'un barbecue fonctionnant au charbon, jetez les copeaux de bois sur les braises. Pour un barbecue au gaz, emballez les copeaux dans du papier d'aluminium, percez l'emballage de plusieurs trous et placez-le à proximité d'un brûleur. Installez les brochettes sur la grille de cuisson, du côté opposé à la source de chaleur. À l'apparition des premières fumées, rabattez le couvercle du barbecue et laissez cuire 20 à 30 min ; les crevettes doivent être d'un rose brun opaque.
Disposez les crevettes sur un plat et servez, accompagné de sauce verte aux câpres.

Voir variantes p. 246

Sandwichs aux huîtres fumées

Pour 4 personnes

Le fumage à chaud donne aux huîtres des saveurs complexes. Préférez de grosses huîtres pour cette recette.

12 huîtres, débarrassées de leur coquille, rincées et essuyées
Huile d'olive
Sel fin
1 poignée de copeaux de bois dur (mesquite, noyer ou aulne)
4 pains à hamburger
Sauce verte aux câpres (p. 261)
450 g (2 tasses) de laitue, en chiffonnade
2 tomates fraîches, coupées en fines rondelles

Préparez le barbecue pour une cuisson indirecte (allumez le feu d'un seul côté de la cuve). Badigeonnez les huîtres d'huile d'olive, salez-les légèrement, puis déposez-les dans une barquette en aluminium jetable.

Si vous disposez d'un barbecue fonctionnant au charbon, jetez les copeaux de bois sur les braises. Pour un barbecue au gaz, emballez les copeaux dans du papier d'aluminium, percez l'emballage de plusieurs trous et placez-le à proximité d'un brûleur. Posez la barquette sur la grille de cuisson, du côté opposé à la source de chaleur. Dès l'apparition des premières fumées, rabattez le couvercle du barbecue et laissez cuire 20 à 30 min ; les huîtres doivent être légèrement brunies, avec le bord ourlé.

Coupez les pains en deux et faites-les griller directement au-dessus du feu. Tartinez les faces coupées de sauce verte aux câpres. Garnissez une moitié de pain de chiffonnade de laitue et de rondelles de tomate. Disposez les huîtres chaudes par-dessus, puis recouvrez de l'autre demi-pain et servez sans attendre.

Voir variantes p. 247

Pétoncles fumés, orzo à la tomate et aux épinards

Pour 4 personnes

Le fumage apporte aux pétoncles une légère amertume qui relève bien leur douceur naturelle et sublime leur saveur.

12 gros pétoncles, rincés et essuyés
Huile d'olive
Sel fin
1 poignée de copeaux de bois dur (mesquite, noyer ou aulne)
Orzo à la tomate et aux épinards (p. 268)

Préparez le barbecue pour une cuisson indirecte (allumez le feu d'un seul côté de la cuve). Badigeonnez les pétoncles d'huile d'olive, salez-les légèrement, puis déposez-les dans une barquette en aluminium jetable.

Si vous disposez d'un barbecue fonctionnant au charbon, jetez les copeaux de bois sur les braises. Pour un barbecue au gaz, emballez les copeaux dans du papier d'aluminium, percez l'emballage de plusieurs trous et placez-le à proximité d'un brûleur. Posez la barquette sur la grille de cuisson, du côté opposé à la source de chaleur. Dès l'apparition des premières fumées, rabattez le couvercle du barbecue et laissez cuire 20 à 30 min ; les pétoncles doivent être légèrement brunis et opaques.

Disposez les pétoncles fumés dans un plat, sur un lit d'orzo à la tomate et aux épinards, et servez aussitôt.

Voir variantes p. 248

Moules fumées, frites et aïoli

Pour 4 personnes

Voici le traditionnel moules-frites de nos amis belges – moules cuites à la vapeur, frites et mayonnaise – revisité. Les moules sont fumées, en même temps qu'elles cuisent sur le barbecue. Prenez soin de bien les ébarber. Jetez celles qui sont déjà ouvertes avant la cuisson comme celles qui restent fermées après avoir été fumées.

1,5 kg (3 1/4 lb) de moules, brossées et ébarbées
1 poignée de copeaux de bois dur (mesquite, noyer ou aulne)
25 g (3/8 tasse) de persil, finement ciselé
Frites (p. 269)
Aïoli (p. 262)

Préparez le barbecue pour une cuisson indirecte (allumez le feu d'un seul côté de la cuve). Déposez les moules dans une barquette en aluminium jetable.
Si vous disposez d'un barbecue fonctionnant au charbon, jetez les copeaux de bois sur les braises. Pour un barbecue au gaz, emballez les copeaux dans du papier d'aluminium, percez l'emballage de plusieurs trous et placez-le à proximité d'un brûleur. Posez la barquette sur la grille de cuisson, du côté de la source de chaleur. Dès l'apparition des premières fumées, rabattez le couvercle du barbecue et laissez cuire 10 à 15 min ; les moules doivent être ouvertes et dégager des arômes de fumé.
Parsemez les moules de persil et répartissez-les dans des bols individuels. Accompagnez de frites et d'aïoli.

Voir variantes p. 249

Saumon fumé

Pour 8 personnes

Un filet de saumon fumé par vos soins au barbecue peut s'imposer comme la pièce maîtresse d'un brunch, d'un déjeuner ou encore d'un buffet entre amis. Cette façon de procéder en exalte les saveurs tout en en conservant le moelleux.

700 à 900 g (1 ½ à 2 lb) de filet de saumon, débarrassé de ses arêtes
325 g (2 tasses) de vinaigrette
100 g (3/8 tasse) d'épices pour poisson
1 poignée de copeaux de bois (type pommier)
1 citron coupé en fines rondelles
1 c. à s. d'aneth ciselé

Glissez le filet de saumon dans un sac en plastique alimentaire muni d'une fermeture zippée. Arrosez-le de vinaigrette. Refermez le sac et laissez mariner 3 à 4 h au frais. Sortez le saumon du sac en plastique (jetez la marinade) et, sans l'éponger, parsemez-le d'épices.
Si vous disposez d'un barbecue fonctionnant au charbon, jetez les copeaux de bois sur les braises. Pour un barbecue au gaz, emballez les copeaux dans du papier d'aluminium, percez l'emballage de plusieurs trous et placez-le à proximité d'un brûleur. Posez le filet de saumon sur la grille de cuisson, du côté opposé à la source de chaleur. Dès l'apparition des premières fumées, rabattez le couvercle du barbecue et laissez cuire 45 min à 1 h ; le saumon doit avoir très légèrement bruni, être imprégné d'arômes de fumé et s'effilocher à la fourchette dans sa partie la plus épaisse.
Disposez le filet dans un plat de service, garni de rondelles de citron et d'aneth. Accommodez les restes selon les variantes de la p. 250.

Voir variantes p. 250

Truite fumée, beurre aux herbes fraîches

Pour 4 personnes

Rien n'est plus délicieux que la truite chaude fumée. Elle dégage de fabuleux arômes, présente une texture moelleuse et – ce qui ne gâche rien – vaut le coup d'œil quand elle est joliment présentée dans un plat de service, éventuellement sur un lit de verdure. Un reste de truite fumée peut servir à la confection d'une terrine, être servi au petit déjeuner avec des œufs ou utilisé pour garnir un sandwich.

4 truites entières (250 g, 9 oz chacune), vidées, rincées et essuyées
Beurre aux herbes fraîches (p. 272)
1 poignée de copeaux de bois dur (mesquite, noyer ou aulne)
1 citron coupé en fines rondelles
1 c. à s. d'aneth ciselé

Ouvrez les truites en deux (à la manière d'un livre) et enduisez-les de beurre aux herbes. Si vous disposez d'un barbecue fonctionnant au charbon, jetez les copeaux de bois sur les braises. Pour un barbecue au gaz, emballez les copeaux dans du papier d'aluminium, percez l'emballage de plusieurs trous et placez-le à proximité d'un brûleur. Posez les truites sur la grille de cuisson, du côté opposé à la source de chaleur. Dès l'apparition des premières fumées, rabattez le couvercle du barbecue et laissez cuire 45 min à 1 h ; les truites doivent avoir légèrement bruni, être imprégnées d'arômes de fumé et s'effilocher à la fourchette dans leur partie la plus épaisse.

Disposez les poissons dans un plat de service, garnis de rondelles de citron et d'herbes fraîches de votre choix. Accommodez les restes selon les variantes de la p. 251.

Voir variantes p. 251

Perche fumée, orzo à la courge, à la sauge et au parmesan

Pour 8 à 10 personnes

La perche se prête particulièrement bien à ce genre de préparation. Elle s'accompagne parfaitement de l'orzo à la courge, à la sauge et au parmesan, qui constitue un excellent plat d'hiver.

4 filets (225 g, 8 oz chacun) de perche, rincés et essuyés
Huile de colza
Sel fin et poivre noir, fraîchement moulu
1 poignée de copeaux de bois dur (mesquite, noyer ou aulne)
Orzo à la courge, à la sauge et au parmesan (p. 279)

Badigeonnez les filets d'huile de colza. Salez-les et poivrez-les à votre convenance. Huilez généreusement une grille perforée ou une barquette en aluminium jetable, et déposez-y le poisson pour la cuisson.

Si vous disposez d'un barbecue fonctionnant au charbon, jetez les copeaux de bois sur les braises. Pour un barbecue au gaz, emballez les copeaux dans du papier d'aluminium, percez l'emballage de plusieurs trous et placez-le à proximité d'un brûleur. Posez le poisson sur la grille de cuisson, du côté opposé à la source de chaleur. Dès l'apparition des premières fumées, rabattez le couvercle du barbecue et laissez cuire 15 à 20 min ; les filets doivent avoir légèrement bruni, être imprégnés d'arômes de fumé et s'effilocher à la fourchette dans leur partie la plus épaisse.

Disposez les filets sur un plat et servez aussitôt, accompagné d'orzo à la courge, à la sauge et au parmesan.

Voir variantes p. 252

Églefin fumé, sauce hollandaise

Pour 4 personnes

Alors qu'il est traditionnellement fumé à froid, l'églefin l'est ici à chaud et accompagné d'une savoureuse sauce hollandaise, qui lui confère une agréable douceur.

4 filets d'églefin, rincés et essuyés
Huile d'olive
Sel fin et poivre noir, fraîchement moulu
1 poignée de copeaux de bois dur (mesquite, noyer ou aulne)
Sauce hollandaise (p. 264)

Badigeonnez les filets d'églefin d'huile d'olive. Salez-les et poivrez-les à votre convenance. Huilez généreusement une grille perforée ou une barquette en aluminium jetable, où vous placerez le poisson pour la cuisson.

Préparez le barbecue pour une cuisson indirecte (allumez le feu d'un seul côté de la cuve). Si vous disposez d'un barbecue fonctionnant au charbon, jetez les copeaux de bois sur les braises. Pour un barbecue au gaz, emballez les copeaux dans du papier d'aluminium, percez l'emballage de plusieurs trous et placez-le à proximité d'un brûleur. Posez le poisson sur la grille de cuisson, du côté opposé à la source de chaleur. Dès l'apparition des premières fumées, rabattez le couvercle du barbecue et laissez cuire 20 à 30 min ; les filets doivent avoir légèrement bruni, être imprégnés d'arômes de fumé et s'effilocher à la fourchette dans leur partie la plus épaisse.

Disposez les filets sur un plat et nappez-les de sauce hollandaise avant de servir.

Voir variantes p. 253

Kitchri du Cap

Pour 4 personnes

Ce plat riche, très en vogue à l'époque coloniale britannique, est idéal pour un brunch. Il se compose de poisson fumé émietté, de riz et d'œufs durs liés par une sauce blanche. Certains aiment le relever d'un peu de curry. Le kitchri élaboré à partir de poisson fumé à chaud est tout simplement divin. L'églefin se prête parfaitement à cette recette, mais le saumon, la truite ou la perche conviennent tout aussi bien.

75 g (1/3 tasse) de beurre
1 c. à s. d'oignon émincé
3 c. à s. de farine blanche
50 cl (2 tasses) de lait
1 c. à t. de curry en poudre (facultatif)
450 g (1 lb) d'églefin fumé, émietté (p. 242)
2 gros œufs durs, hachés
450 g (2 tasses) de riz blanc, cuit
50 g (3/4 tasse) de persil plat, finement ciselé
Sel fin et poivre noir, fraîchement moulu

Dans une grande casserole, faites fondre le beurre à feu moyen et mettez-y l'oignon à revenir 4 min environ ; il doit être translucide. Ajoutez-y la farine en remuant vigoureusement, puis laissez cuire 2 min environ, jusqu'à formation d'un roux. Sans cesser de fouetter, incorporez progressivement le lait et laissez cuire 5 min ; la sauce doit épaissir. Ajoutez enfin le curry, le poisson, les œufs, le riz et le persil. Salez et poivrez à votre convenance. Servez aussitôt.

Voir variantes p. 254

Lieu noir fumé au maïs

Pour 4 personnes

Ce plat goûteux est très simple à réaliser. Préparez le barbecue. À l'aide d'un couteau tranchant, égrenez les épis de maïs, en prenant soin de procéder par petites lamelles, afin que les grains ne se détachent pas les uns des autres. Huilez le maïs et le poisson, parsemez-les d'épices à colombo et fumez le tout : un régal !

4 filets de lieu noir, rincés et essuyés
4 épis de maïs frais, égrenés en lamelles
5 cl (1/4 tasse) d'huile d'olive
1 c. à s. (ou plus) d'épices à colombo

Badigeonnez les filets de lieu et le maïs d'huile d'olive. Parsemez-les d'épices à votre goût. Huilez généreusement une grille perforée ou une barquette en aluminium jetable, où vous placerez le poisson et le maïs pour la cuisson.
Préparez le barbecue pour une cuisson indirecte (avec le feu d'un seul côté de la cuve). Si vous disposez d'un barbecue fonctionnant au charbon, jetez les copeaux de bois sur les braises. Pour un barbecue au gaz, emballez les copeaux dans du papier d'aluminium, percez l'emballage de plusieurs trous et placez-le à proximité d'un brûleur. Posez poisson et maïs sur la grille de cuisson, du côté opposé à la source de chaleur. À l'apparition des premières fumées, rabattez le couvercle du barbecue et laissez cuire 20 à 30 min ; les filets doivent avoir légèrement bruni, être imprégnés d'arômes de fumé et s'effilocher à la fourchette dans leur partie la plus épaisse ; le maïs doit être tendre.
Répartissez le maïs sur des assiettes, surmontez des filets de lieu et servez sans attendre, éventuellement garni de coulis de tomate ou de toute autre sauce de votre choix.

Voir variantes p. 255

Variantes

Crevettes fumées en habit vert, sauce verte aux câpres

Voir recette de base p. 231

Crevettes en habit vert au fumoir, sauce verte aux câpres
Suivez la recette de base, en employant un fumoir utilisable sur une plaque de cuisson classique. Mettez 1 c. à s. bombée de copeaux de bois dur dans la cuve du fumoir. Installez le déflecteur de fumée, puis la grille de cuisson. Disposez les brochettes sur la grille et rabattez le couvercle du fumoir, sans toutefois le refermer complètement. Faites chauffer l'appareil à feu moyen. Dès l'apparition des premières fumées, abaissez complètement le couvercle. Laissez cuire 8 min ; les crevettes doivent être d'un rose brun opaque.

Crevettes en habit vert, sauce cocktail
Suivez la recette de base, en remplaçant la sauce verte aux câpres par de la sauce cocktail (p. 49).

Tartines aux crevettes grillées, sauce hollandaise à l'estragon
Suivez la recette de base, en supprimant la sauce verte aux câpres. Huilez 4 tranches de pain croustillant, puis faites-les griller des deux côtés sur le barbecue. Garnissez-les de crevettes fumées. Mélangez 100 g (½ tasse) de tomates fraîches concassées, 100 g (½ tasse) d'olives noires dénoyautées et hachées et 2 c. à s. de câpres. Nappez les crevettes de sauce hollandaise à l'estragon (p. 276), puis parsemez le tout du mélange précédent.

Variantes

Sandwichs aux huîtres fumées

Voir recette de base p. 232

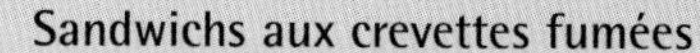

Sandwichs aux crevettes fumées
Suivez la recette de base, en remplaçant les huîtres par 24 crevettes fumées.

Sandwichs aux pétoncles fumés
Suivez la recette de base, en remplaçant les huîtres par 12 pétoncles fumés.

Huîtres au fumoir
Suivez la recette de base, en employant un fumoir utilisable sur une plaque de cuisson classique. Mettez 1 c. à s. bombée de copeaux de bois dur dans la cuve du fumoir. Installez le déflecteur de fumée, puis la grille de cuisson. Disposez les huîtres sur la grille, puis rabattez le couvercle du fumoir, sans toutefois le refermer complètement. Faites chauffer l'appareil à feu moyen. Dès l'apparition des premières fumées, abaissez complètement le couvercle. Laissez cuire 8 min ; les huîtres doivent être d'un brun opaque.

Ragoût d'huîtres fumées
Suivez la recette de base. Durant les 5 dernières minutes de cuisson du ragoût d'huîtres de la p. 84, ajoutez 12 huîtres fumées en remplacement de la même quantité d'huîtres fraîches.

Variantes

Pétoncles fumés, orzo à la tomate et aux épinards

Voir recette de base p. 235

Pétoncles fumés, sauce à la mangue

Suivez la recette de base, en remplaçant l'orzo par de la sauce à la mangue et au citron vert (p. 265).

Pétoncles au fumoir, orzo à la tomate et aux épinards

Suivez la recette de base, en employant un fumoir utilisable sur une plaque de cuisson classique. Mettez 1 c. à s. bombée de copeaux de bois dur dans la cuve du fumoir. Installez le déflecteur de fumée, puis la grille de cuisson. Disposez les pétoncles sur la grille, puis rabattez le couvercle du fumoir, sans toutefois le refermer complètement. Faites chauffer l'appareil à feu moyen. Aux premières fumées, abaissez le couvercle. Laissez cuire 8 min.

Pâtes aux palourdes fumées, beurre bistro

Suivez la recette de base, en remplaçant les pétoncles par 450 g (1 lb) de palourdes. Faites cuire 15 min. Ajoutez les palourdes à 450 g (1 lb) de penne cuites et agrémentez le tout de beurre bistro (p. 272).

Soupe épaisse aux palourdes fumées

Suivez la recette de base, en remplaçant les pétoncles par 450 g (1 lb) de palourdes. Faites cuire 15 min. Procédez comme pour la *clam chowder* (p. 76).

Variantes

Moules fumées, frites et aïoli

Voir recette de base p. 236

Moules fumées en vinaigrette
Suivez la recette de base, en supprimant les frites et l'aïoli. Décortiquez les moules et agrémentez-les de vinaigrette à la tomate et aux herbes (p. 258). Servez les moules sur un lit de salade.

Moules fumées, pain grillé et beurre au citron vert et au piment
Suivez la recette de base, en supprimant les frites et l'aïoli. Tartinez des tranches de pain bien croustillant de beurre au citron vert et au piment (p. 257). Faites-les griller des deux côtés et servez en accompagnement des moules.

Chaudrée de moules fumées
Suivez la recette de base, en supprimant les frites et l'aïoli. Décortiquez les moules. Procédez ensuite comme pour la *clam chowder* (p. 76), en ajoutant à la préparation, 5 min avant la fin de la cuisson, des moules à la place des palourdes.

Pâtes aux moules fumées, aïoli au basilic
Suivez la recette de base, en supprimant les frites. Décortiquez les moules. Mélangez-les avec 450 g (1 lb) de penne cuites et de l'aïoli au basilic (p. 197).

Variantes

Saumon fumé

Voir recette de base p. 238

Rillettes de saumon fumé

Suivez la recette de base. À l'aide d'un robot électrique, réduisez en purée 100 g (3 ½ oz) de saumon fumé émietté, 100 g (½ tasse) de beurre, 1 c. à s. d'aneth frais ciselé et 1 c. à t. de zeste de citron. Transvasez dans une petite terrine. Parsemez d'aneth ciselé et servez accompagné de crackers au sésame, de pain de mie ou du pain complet.

Galettes de saumon fumé

Suivez la recette de base. Procédez comme pour les galettes de crabe (p. 105), en remplaçant la chair de crabe par du saumon fumé.

Salade de saumon fumé à l'aïoli

Suivez la recette de base. Servez avec de la salade et un bol d'aïoli (p. 262).

Œufs brouillés au saumon fumé

Suivez la recette de base. Fouettez 6 gros œufs entiers avec 2 c. à s. de crème 35 %, 2 c. à s. de ciboulette fraîchement ciselée, du sel et du poivre. Dans une poêle antiadhésive, faites fondre 25 g (2 c. à s.) de beurre. Versez-y les œufs avec 100 g de filet de saumon fumé émietté. Faites cuire à feu doux, en remuant sans discontinuer, jusqu'à obtention d'un ensemble crémeux. Agrémentez d'un peu plus de ciboulette et de crème sure, et servez sans attendre.

Variantes

Truite fumée, beurre aux herbes fraîches

Voir recette de base p. 239

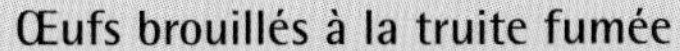

Œufs brouillés à la truite fumée
Suivez la recette de base. Fouettez 6 gros œufs avec 2 c. à s. de crème 35 %, 2 c. à s. de ciboulette fraîchement ciselée, du sel et du poivre. Dans une grande poêle antiadhésive, faites fondre 25 g (2 c. à s.) de beurre. Versez-y les œufs et 100 g (3 ½ oz) de filet de truite fumée émiettée. Faites cuire à feu doux, en remuant sans cesse, jusqu'à obtenir un ensemble crémeux. Agrémentez d'un peu plus de ciboulette et de crème sure, et servez sans attendre.

Salade de truite fumée
Suivez la recette de base. Servez sur un lit de verdure et de pommes de terre cuites à la vapeur. Agrémentez de vinaigrette au citron et à l'aneth (p. 273).

Rillettes de truite fumée
Suivez la recette de base. Au robot électrique, réduisez en purée 100 g (3 ½ oz) de truite fumée émiettée, 100 g (½ tasse) de beurre, 1 c. à s. d'aneth frais ciselé et 1 c. à t. de zeste de citron. Transvasez dans une terrine. Parsemez d'aneth ciselé et servez accompagné de crackers au sésame, de pain de mie ou de pain complet.

Truite fumée sauce au raifort
Suivez la recette de base. Servez les restes de truite sur un lit de salade. Nappez de 10 cl (3/8 tasse) de crème sure, 10 cl (3/8 tasse) de crème 35 % et de sauce au raifort (p. 38).

Variantes

Perche fumée, orzo à la courge, à la sauge et au parmesan

Voir recette de base p. 240

Beignets de perche fumée
Suivez la recette de base, en supprimant l'orzo. Réalisez les beignets de poisson de la p. 102 avec de la perche fumée.

Salade de perche fumée et de riz sauvage
Suivez la recette de base, en supprimant l'orzo. Émiettez 230 g (8 oz) de poisson et mélangez-les avec 145 g (1 tasse) de riz sauvage cuit, 220 g (1 tasse) de mayonnaise, 80 g (5/8 tasse) d'oignons nouveaux et 60 g (1/2 tasse) de noix de pécan grillées. Salez et poivrez à votre convenance.

Soupe de perche fumée
Suivez la recette de base. Mélangez 230 g (8 oz) de reste de perche fumée émiettée avec 170 g (6 oz) de reste d'orzo et 50 cl (2 tasses) de fond de volaille. Portez à ébullition et servez très chaud.

Brochet fumé, orzo à la courge, à la sauge et au parmesan
Suivez la recette de base, en remplaçant la perche par du brochet.

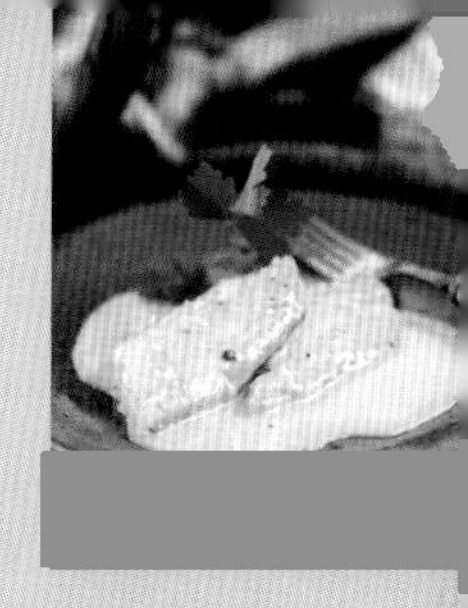

Variantes

Églefin fumé, sauce hollandaise

Voir recette de base p. 242

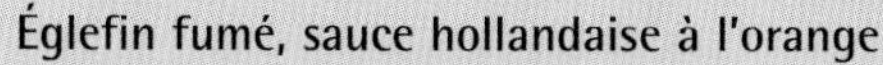

Églefin fumé, sauce hollandaise à l'orange

Suivez la recette de base, en remplaçant la sauce hollandaise classique par de la sauce hollandaise à l'orange (p. 276).

Cabillaud fumé, sauce hollandaise

Suivez la recette de base, en remplaçant l'églefin par du cabillaud.

Églefin au jambon cru

Suivez la recette de base, en enrobant chaque filet de poisson de jambon cru. Maintenez le tout avec des piques en bois, puis faites fumer.

Églefin fumé, purée de poivrons au basilic

Suivez la recette de base, en servant chaque filet d'églefin sur un lit de purée de poivrons au basilic (p. 164).

Variantes

Kitchri du Cap

Voir recette de base p. 243

Kitchri au saumon fumé
Suivez la recette de base, en remplaçant l'églefin par du saumon fumé (p. 238).

Kitchri à la perche fumée
Suivez la recette de base, en remplaçant l'églefin par de la perche fumée (p. 240).

Galettes de kitchri
Suivez la recette de base. Le lendemain, façonnez le reste de kitchri en galettes, que vous passerez dans de l'œuf battu, puis dans la farine, avant de les faire frire dans un peu de beurre.

Tomates farcies au kitchri
Suivez la recette de base. Supprimez l'opercule de 8 grosses tomates mûres, que vous éviderez à moitié. Farcissez-les de kitchri. Parsemez de persil ciselé. Servez chaud ou froid.

Variantes

Lieu noir fumé au maïs

Voir recette de base p. 244

Dip de lieu noir fumé

Suivez la recette de base, en supprimant le maïs. Suivez la recette des rillettes de crabe (p. 127), en remplaçant le crabe par 450 g (1 lb) de lieu noir fumé.

Riz au lieu noir fumé

Suivez la recette de base, en supprimant le maïs. Émiettez 450 g (1 lb) de lieu noir fumé. Réalisez le kitchri du Cap (p. 243), en remplaçant l'églefin par du lieu noir fumé. Remplacez le curry en poudre par des épices à barbecue.

Salade de lieu noir fumé et de maïs

Suivez la recette de base. Émiettez 225 g (½ lb) de lieu noir fumé. Mélangez avec 225 g (½ lb) de maïs fumé, 225 g (1 tasse) de mayonnaise, 100 g (½ tasse) d'oignons nouveaux et 100 g (½ tasse) de poivrons rouges finement émincés. Salez et poivrez à votre convenance. Servez sans attendre ou placez au réfrigérateur.

Soupe de lieu noir fumé et de maïs

Suivez la recette de base. Émiettez 225 g (½ lb) de lieu noir fumé. Mélangez avec 1 l (4 tasses) de fond de volaille, 225 g (½ lb) de maïs fumé, 225 g (½ lb) de chorizo coupé en dés et 225 g (½ lb) de tomates en conserve concassées. Laissez mijoter 15 min environ, puis goûtez et rectifiez l'assaisonnement, au besoin. Parsemez d'oignons nouveaux. Servez sans attendre.

Sauces, dips et garnitures

Certains accompagnements semblent se marier tout naturellement avec les délicats arômes iodés des produits de la mer. Qu'il s'agisse de la classique sauce hollandaise, des beurres parfumés ou encore d'un duo de choux et des sauces à base de fruits frais, poissons et crustacés se trouvent souvent au mieux de telles associations.

Beurre au citron vert et au piment

Pour 225 g

Ce délicieux beurre aromatisé se marie bien avec des poissons ou des crustacés grillés. Parsemez-en ces derniers dès que vous les avez retirés du barbecue.

225 g (1 tasse) de beurre, à température ambiante
1 c. à t. de piment en poudre
50 g (3/4 tasse) de feuilles de coriandre fraîche, finement ciselées
1 gousse d'ail, émincée
2 c. à t. de jus de citron vert

Dans un saladier, mélangez tous les ingrédients. Servez sans attendre ou façonnez en boudin et emballez dans du film alimentaire. La préparation se conserve 1 semaine au réfrigérateur. Enveloppée dans plusieurs couches de film alimentaire, elle tient 3 mois au congélateur.

Voir variantes p. 272

Vinaigrette à la tomate et aux herbes

Pour 50 cl (2 tasses) environ

Cette vinaigrette très parfumée s'associe à merveille avec toutes sortes de poissons et de crustacés cuits. En guise de touche finale, parsemez la préparation d'herbes fraîches de votre choix.

450 g (2 tasses) de tomates (fraîches ou en conserve), concassées
100 g (1 1/2 tasse) de persil
50 g (3/4 tasse) de coriandre fraîche
50 g (3/4 tasse) de menthe fraîche
2 c. à s. d'origan frais
50 g (1/4 tasse) d'oignon jaune, finement émincé
3 gousses d'ail, pelées
1/2 c. à t. de piment de Cayenne
1 c. à t. de sel fin
1 c. à t. de poivre noir, fraîchement moulu
10 cl (3/8 tasse) d'huile d'olive
10 cl (3/8 tasse) de vinaigre de xérès
3 cl (1/8 tasse) d'eau

À l'aide d'un robot électrique, mixez tous les ingrédients jusqu'à obtention d'un ensemble homogène. Cette vinaigrette est meilleure consommée le jour même, mais elle peut aussi se conserver au frais, à couvert, 5 jours environ.

Voir variantes p. 273

Sauce verte aux câpres

Pour 35 cl (1 1/3 tasse) environ

Cette sauce accompagne aussi bien poissons et fruits de mer que... les frites. Elle fait aussi une excellente garniture dans des sandwichs. Savoureuse, douce et relevée à la fois, elle se marie particulièrement bien avec les crustacés.

1 c. à t. de persil, finement ciselé
1 c. à t. d'oignon, haché
Les jaunes de 2 œufs durs
1 c. à t. de pâte d'anchois
1 gousse d'ail, finement émincée
1 gros œuf fermier
25 cl (1 tasse) d'huile d'olive extravierge
2 c. à s. de câpres, rincées et bien égouttées
Jus de 1/2 citron
(ou davantage, selon votre goût)

À l'aide d'un robot électrique, mixez le persil, l'oignon, les jaunes d'œufs, la pâte d'anchois, l'ail et l'œuf entier, jusqu'à obtention d'un ensemble lisse. L'appareil restant en marche, versez doucement l'huile d'olive en mince filet. Vous obtenez une sauce ayant la consistance d'une mayonnaise. Incorporez-y délicatement, à la fourchette, les câpres et le jus de citron. Couvrez hermétiquement et placez au frais jusqu'au moment de servir. La sauce verte aux câpres peut être préparée 24 h à l'avance.

Voir variantes p. 274

Aïoli

Pour 40 cl (1 2/3 tasse)

L'aïoli est une mayonnaise à l'ail, mise à l'honneur par la cuisine provençale et désormais appréciée partout dans le monde. Si vous êtes pressé, essayez la variante « Aïoli minute ».

Les jaunes de 4 gros œufs fermiers
4 à 6 gousses d'ail, émincées
1/4 de c. à t. de sel fin
1/4 de c. à t. de poivre noir, fraîchement moulu
35 cl (1 1/3 tasse) d'huile d'olive extravierge

À l'aide d'un robot électrique, mélangez les jaunes d'œufs, l'ail, le sel et le poivre. L'appareil restant en marche, versez doucement l'huile d'olive en mince filet. Vous obtenez une sauce ayant la consistance d'une mayonnaise. L'aïoli se conserve 3 à 4 jours au frais.

Voir variantes p. 275

Sauce hollandaise

Pour 35 cl (1 1/3 tasse) environ

Cette sauce se marie magnifiquement avec les fruits de mer, qu'ils soient grillés, rôtis, fumés, sautés... Cette recette, adaptée à la préparation au robot électrique, est assez simple à réaliser.

Les jaunes de 6 gros œufs fermiers
2 c. à s. de jus de citron frais
1 c. à t. de moutarde
225 g (1 tasse) de beurre, fondu et chaud
1/4 de c. à t. de piment de Cayenne
Sel fin

À l'aide d'un robot électrique, mixez les jaunes d'œufs, le jus de citron et la moutarde, jusqu'à obtention d'un ensemble lisse. Ajoutez le beurre fondu en filet, soit en pulsant régulièrement, soit en faisant fonctionner le robot à vitesse minimale. La sauce va épaissir. Ajoutez le piment de Cayenne, puis salez à votre convenance.
Réservez au chaud jusqu'au moment de servir, dans un contenant à double paroi ou dans un bol en Inox placé au-dessus d'une casserole d'eau chaude (et non bouillante).

Voir variantes p. 276

Sauce à la mangue et au citron vert

Pour 50 cl (2 tasses) environ

Les mangues et le citron vert se mêlent ici en une préparation très rafraîchissante, qui accompagne plus particulièrement les poissons et les crustacés grillés.

2 gousses d'ail, émincées
50 g (1/2 tasse) d'oignons, finement émincés
1 piment jalapeño frais, équeuté, épépiné et finement émincé
25 g (3/8 tasse) de coriandre fraîche, finement ciselée
450 g (1 tasse) de mangue, pelée et coupée en dés
Le jus de 1 citron vert (ou davantage)
Sel fin et poivre noir, fraîchement moulu

Dans un grand saladier, mélangez tous les ingrédients. Salez et poivrez à votre convenance, puis réservez à température ambiante jusqu'au moment de servir. Cette sauce se conserve 3 jours au réfrigérateur. Laissez-la revenir à température ambiante avant de la servir.

Voir variantes p. 277

Duo de choux

Pour 6 à 8 personnes

Cette salade colorée et rafraîchissante accompagne bien les fruits de mer grillés, rôtis ou cuits à la vapeur.

450 g (6 tasses) de chou rouge, finement émincé
450 g (6 tasses) de chou vert, finement émincé
6 oignons nouveaux (avec leur partie verte), finement émincés
5 cl (1/4 tasse) de vinaigre à l'estragon
5 cl (1/4 tasse) de crème sure
Le jus de 1 citron vert
Le jus de 1 citron jaune
Sel fin et poivre noir, fraîchement moulu

Dans un grand saladier, mélangez les deux sortes de chou avec les oignons nouveaux. Dans un bol, mélangez le vinaigre, la crème sure et le jus des deux citrons. Salez et poivrez à votre convenance. Versez cette sauce dans le premier saladier. Mélangez et servez sans attendre.

Voir variantes p. 278

Orzo à la tomate et aux épinards

Pour 4 personnes

Ce plat joliment coloré s'apprécie aussi bien chaud que froid.

450 g (1 lb) d'orzo, cuit selon les instructions du fabricant et égoutté
450 g (1 lb) de jeunes pousses d'épinards
20 tomates cerises, coupées en deux
100 g (3 ½ oz) de feta, émiettée
4 c. à s. d'huile d'olive
1 c. à s. de jus de citron
2 gousses d'ail, émincées
Sel fin et poivre noir, fraîchement moulu

Dans un grand saladier, mélangez l'orzo chaud avec les pousses d'épinards, les tomates et la feta. Dans un bol, fouettez l'huile d'olive, le jus de citron et l'ail. Salez et poivrez à votre convenance, puis arrosez l'orzo et les légumes de cet assaisonnement. Servez sans attendre, à température ambiante, ou bien frais, après un passage au réfrigérateur.

Voir variantes p. 279

Frites

Pour 6 personnes

De bonnes frites accompagnent à merveille le poisson et les crustacés ! La réussite des frites tient à leur cuisson en deux temps – la première friture élimine l'humidité de la pomme de terre, la seconde la dore et la rend croustillante.

3 l (12 ½ tasses) d'huile de colza
900 g (2 lb) de pommes de terre moyennes, pelées
Sel fin et poivre noir, fraîchement moulu

Dans une friteuse ou une casserole haute, versez de l'huile à hauteur de 10 cm (4 po) et faites-la chauffer à 325 °F (170 °C). Pendant ce temps, coupez les pommes de terre en bâtonnets de 0,5 cm (¼ po) d'épaisseur, que vous ferez frire en plusieurs lots. Comptez 7 min par fournée. Les pommes de terre seront partiellement cuites, mais pas dorées. À l'aide d'une écumoire, sortez-les de l'huile et déposez-les sur un plat garni de papier absorbant. Après ce premier temps de cuisson, augmentez la température de l'huile à 350 °F (180 °C). Faites frire les pommes de terre une seconde fois, par lots comme précédemment. Comptez maintenant 5 min de cuisson par fournée ; les bâtonnets doivent être croquants et dorés. À l'aide d'une écumoire, sortez-les de l'huile et déposez-les sur un plat garni de papier absorbant. Salez et poivrez à votre convenance, transférez dans un plat de service et servez sans attendre.

Voir variantes p. 280

Riz à la noix de coco

Pour 4 personnes

Ce riz délicieusement exotique fait un accompagnement de choix. Les feuilles de curry se trouvent dans la plupart des magasins asiatiques, voire en grandes surfaces.

50 cl (2 tasses) d'eau
1 c. à t. de sel fin
225 g (1 tasse) de riz long grain
5 cl (1/4 tasse) d'huile végétale
1/2 c. à t. de graines de moutarde (facultatif)
1 pincée de copeaux de piment sec
2 feuilles de laurier ou 4 feuilles de curry
100 g (1 tasse) de noix de coco déshydratée (non sucrée)
50 g (3/8 tasse) de noix de cajou, finement concassées

Dans une casserole de taille moyenne, portez l'eau salée à ébullition, à feu moyen. Versez-y le riz, puis réduisez le feu, couvrez et laissez mijoter 15 min ; les grains doivent être tendres et avoir absorbé toute l'eau.

Pendant la cuisson du riz, versez l'huile dans une poêle et faites-y revenir, à feu assez vif, les graines de moutarde, les copeaux de piment et les feuilles de laurier ou de curry. Dès que les graines de moutarde commencent à éclater (1 à 2 min environ), ajoutez la noix de coco et les noix de cajou concassées ; la première doit dorer et les secondes doivent prendre une teinte rougeâtre.

Incorporez cette préparation au riz cuit, rectifiez l'assaisonnement si nécessaire, puis retirez les feuilles de curry ou de laurier. Servez sans attendre.

Voir variantes p. 281

Variantes

Beurre au citron vert et au piment

Voir recette de base p. 257

Beurre à la coriandre

Suivez la recette de base, en supprimant le piment et en utilisant 50 g (3/4 tasse) de coriandre fraîche, finement ciselée.

Beurre aux herbes fraîches

Suivez la recette de base, en remplaçant la coriandre par 100 g (1 1/2 tasse) d'herbes fraîches diverses (basilic, persil, origan, aneth). Supprimez le piment et le jus de citron vert. Salez à votre convenance.

Beurre bistro

Suivez la recette de base, en remplaçant la coriandre par 50 g (3/4 tasse) d'herbes fraîches diverses (basilic, persil, origan, aneth). Supprimez le piment et le jus de citron vert. Ajoutez au mélange 1 c. à t. d'échalotes finement hachées et salez à votre convenance.

Beurre aux tomates confites

Suivez la recette de base, en remplaçant le piment par 1 c. à s. de tomates confites à l'huile finement émincées.

Variantes

Vinaigrette à la tomate et aux herbes

Voir recette de base p. 258

Sauce chimichurri

Suivez la recette de base, en supprimant les tomates et en n'utilisant que ½ c. à t. de sel et de poivre.

Vinaigrette au citron et à l'aneth

Suivez la recette de base, en supprimant les tomates et en n'utilisant que ½ c. à t. de sel et de poivre. Remplacez la coriandre, la menthe et l'origan par de l'aneth ciselé, et le vinaigre de xérès par du jus de citron frais.

Vinaigrette à l'estragon

Suivez la recette de base, en supprimant les tomates et en n'utilisant que ½ c. à t. de sel et de poivre. Remplacez la coriandre, la menthe et l'origan par de l'estragon ciselé, et le vinaigre de xérès par du vinaigre à l'estragon.

Vinaigrette à l'estragon et à l'orange

Suivez la recette de base, en supprimant les tomates et en n'utilisant que ½ c. à t. de sel et de poivre. Remplacez la coriandre, la menthe et l'origan par de l'estragon ciselé, et le vinaigre de xérès par du jus d'orange. Ajoutez à la sauce 1 à 2 c. à s. de zeste d'orange fraîchement râpé.

Variantes

Sauce verte aux câpres

Voir recette de base p. 261

Sauce créole
Suivez la recette de base, en y ajoutant de la sauce piquante.

Sauce aux crevettes
Suivez la recette de base. Ajoutez à la sauce 700 g (1 ½ lb) de crevettes cuites. Servez sur un lit de salade.

Galettes de crabe, sauce verte aux câpres
Suivez la recette de base. Nappez des galettes de crabe (p. 105) de sauce verte aux câpres.

Sauce rose
Suivez la recette de base, en y ajoutant 1 c. à t. de sauce tomate ou de ketchup.

Variantes

Aïoli

Voir recette de base p. 262

Aïoli minute
Mélangez dans un petit saladier 225 g (1 tasse) de mayonnaise avec 2 grosses gousses d'ail émincées, 1 c. à s. de jus de citron frais, du sel et du poivre.

Rouille minute
Suivez la recette de base, en ajoutant aux ingrédients 1/4 de c. à t. de brins de safran. Mixez jusqu'à obtention d'un ensemble homogène.

Mayonnaise à l'aneth
Dans un saladier, mélangez 225 g (1 tasse) de mayonnaise et 50 g (3/4 tasse) d'aneth. Salez et poivrez à votre convenance.

Mayonnaise au soya et au sésame
Mélangez dans un petit saladier 225 g (1 tasse) de mayonnaise, 1 1/2 c. à t. de sauce soya et 1 1/2 c. à t. d'huile de sésame.

Variantes

Sauce hollandaise

Voir recette de base p. 264

Sauce hollandaise brune
Suivez la recette de base, en utilisant du beurre fondu qui a ensuite cuit jusqu'à brunir légèrement.

Sauce hollandaise à l'orange
Suivez la recette de base, en y ajoutant 1 c. à t. de zeste d'orange râpé avant de mixer tous les ingrédients.

Sauce hollandaise à l'estragon
Suivez la recette de base, en y ajoutant 1 c. à t. d'estragon séché et 1 c. à t. de vinaigre à l'estragon avant de mixer tous les ingrédients.

Sauce hollandaise au citron vert et au piment
Suivez la recette de base, en y ajoutant 1 c. à t. de zeste de citron vert fraîchement râpé et 1 c. à t. de piment en poudre avant de mixer tous les ingrédients.

Variantes

Sauce à la mangue et au citron vert

Voir recette de base p. 265

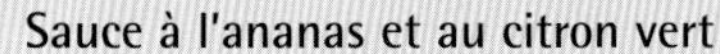

Sauce à l'ananas et au citron vert
Suivez la recette de base, en remplaçant la mangue par de l'ananas frais, coupé en petits dés.

Sauce à la papaye et au citron vert
Suivez la recette de base, en remplaçant la mangue par de la papaye fraîche, coupée en petits dés.

Sauce à la pastèque, au jicama et au citron vert
Suivez la recette de base, en remplaçant la mangue par 225 g (1 tasse) de pastèque épépinée et coupée en dés, et 225 g (1 tasse) de jicama râpé.

Sauce au melon et au citron vert
Suivez la recette de base, en remplaçant la mangue par du melon frais, coupé en petits dés. Utilisez davantage de citron vert, selon votre goût.

Variantes

Duo de choux

Voir recette de base p. 266

Duo de courgette et de fenouil
Suivez la recette de base, en remplaçant le chou rouge par de la courgette fraîche râpée, le chou vert par du fenouil frais râpé et la crème sure par 100 g (½ tasse) de mayonnaise.

Duo de choux à la moutarde
Suivez la recette de base, en remplaçant la crème sure par 100 g (½ tasse) de mayonnaise et les deux jus de citron par 1 c. à s. de moutarde de Dijon.

Duo de choux aux graines de céleri
Suivez la recette de base, en remplaçant la crème sure par 10 cl (3/8 tasse) d'huile végétale et les deux jus de citron par 1 c. à s. de graines de céleri. Ajoutez à la sauce 2 c. à s. de sucre en poudre.

Duo de choux à l'aneth
Suivez la recette de base, en remplaçant le vinaigre à l'estragon par du vinaigre blanc et le jus de citron vert par du jus de citron jaune. Ajoutez à la sauce 1 c. à s. d'aneth séché.

Variantes

Orzo à la tomate et aux épinards

Voir recette de base p. 268

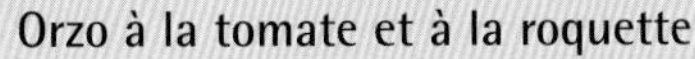

Orzo à la tomate et à la roquette
Suivez la recette de base, en remplaçant les épinards par 450 g (4 tasses) de petites pousses de roquette.

Orzo à la tomate et au basilic
Suivez la recette de base, en remplaçant les épinards par 225 g (3 1/3 tasses) de feuilles de basilic frais et la feta par de la fontina coupée en tout petits dés.

Orzo au concombre et à l'aneth
Suivez la recette de base, en remplaçant les épinards par 450 g (4 tasses) de concombre coupé en petits dés et les tomates par 225 g (1 tasse) d'olives noires hachées. Ajoutez à la vinaigrette 2 c. à t. d'aneth séché.

Orzo à la courge, à la sauge et au parmesan
Suivez la recette de base, en remplaçant les tomates et les épinards par 450 g (4 tasses) de courge musquée coupée en dés et cuite. Remplacez la feta par 225 g (1 tasse) de parmesan râpé. Faites revenir 8 feuilles de sauge dans de l'huile d'olive ; elles doivent être croquantes. Incorporez-les à l'orzo juste avant de servir.

Variantes

Frites

Voir recette de base p. 269

Frites de patates douces
Suivez la recette de base, en remplaçant les pommes de terre par des patates douces.

Frites de panais, de carottes et de pommes de terre
Suivez la recette de base, en remplaçant les pommes de terre par un mélange de panais, de carottes et de pommes de terre.

Frites rondes
Suivez la recette de base, en coupant les pommes de terre en rondelles de 0,5 cm (1/4 po) d'épaisseur plutôt qu'en bâtonnets.

Frites aux trois légumes
Suivez la recette de base, en remplaçant deux tiers des pommes de terre par un mélange de patates douces et de betteraves. Coupez les légumes en rondelles de 0,5 cm (1/4 po) d'épaisseur plutôt qu'en bâtonnets.

Variantes

Riz à la noix de coco

Voir recette de base p. 270

Riz au citron
Suivez la recette de base, en remplaçant la noix de coco par 100 g (1 tasse) d'oignons nouveaux émincés, 50 g (3/4 tasse) de coriandre fraîche ciselée et 25 g (2 c. à s.) de piment vert ciselé. Faites revenir les légumes et les noix de cajou ; les premiers doivent être bien tendres et les secondes prendre une teinte rougeâtre. Mélangez le tout avec le riz et 5 cl (1/4 tasse) de jus de citron frais.

Riz au safran
Suivez la recette de base, en ajoutant 1/2 c. à t. de brins de safran au riz pendant qu'il cuit. Supprimez la noix de coco.

Riz tex-mex
Faites cuire le riz comme indiqué dans la recette de base. Remplacez tous les autres ingrédients par 225 g (1 tasse) de tomates en conserve concassées, 50 g (3/4 tasse) de coriandre fraîche ciselée, 100 g (3 1/2 oz) de fromage frais émietté et 1 c. à t. de beurre au citron vert et au piment (p. 257). Salez et poivrez à votre goût.

Riz à la coriandre
Faites cuire le riz comme indiqué dans la recette de base. Remplacez tous les autres ingrédients par 225 g (3 1/2 tasse) de coriandre fraîche ciselée et 2 c. à s. de jus de citron vert. Salez et poivrez à votre goût.

Index